I0089167

INVENTAIRE
No 22.098

Fénelon fables choisies

par E. du Chatenet

1875

Y+

FABLES
DE FÉNELON

—

4ᵉ SÉRIE IN-12.

22098

Fénelon

FABLES

DE

FÉNELON

CHOISIES

PAR E. DU CHATENET.

LIMOGES

EUGÊNE ARDANT ET C⁰, ÉDITEURS.

Propriété des Éditeurs,

PRÉFACE

Feu Monsieur l'Archevêque de Cambrai a fait des Fables qu'on donne ici au public, dans le même dessein que son *Télémaque*, pour l'instruction d'un jeune prince. Il les lui composait sur-le-champ, selon ses divers besoins; tantôt pour corriger d'une manière douce et aimable ce que son naturel avait de défectueux; tantôt pour confirmer en lui ce qu'il y avait de bon et de grand; tantôt enfin pour lui insinuer par des instructions familières, à la portée de son âge, les plus sublimes maximes de la morale. Tandis qu'il formait ainsi son goût, son cœur et son esprit, il lui apprenait en même temps la Fable et l'Histoire. Par là il unissait les préceptes et les exemples, lui peignait la vertu d'une manière sensible et intéressante, et lui montrait qu'elle

n'était pas seulement belle et aimable dans
la spéculation, mais encore que la pratique n'en était point au-dessus des forces de
l'homme, et que c'était par elle seule qu'un
roi pouvait arriver à la gloire et au vrai
bonheur.

Le style de ces Fables se trouvera diver-
sifié selon que le demandaient les besoins,
les divers goûts et les humeurs du prince
pour qui on les composait. L'auteur, tantôt
sublime et grave comme Platon, en a toute
la force et la sagesse; tantôt, par un badi-
nage ingénieux, il emploie la légèreté et
la délicatesse de Lucien. Quelquefois simple et naïf, il se proportionne à l'enfant;
d'autres fois noble et élevé, ses préceptes
sont dignes des plus grands esprits. La
sagesse prend ici toutes les formes, mais
elle est toujours accompagnée de grâces
insinuantes.

FABLES
DE FÉNELON

I

La patience et l'éducation corrigent bien des défauts.

Une Ourse avait un petit Ours qui venait
de naître. Il était horriblement laid. On ne
reconnaissait en lui aucune figure d'animal :
c'était une masse informe et hideuse.
L'Ourse, toute honteuse d'avoir un tel fils,
va trouver sa voisine la Corneille, qui faisait
grand bruit par son caquet sur un arbre.
Que ferai-je, lui dit-elle, ma bonne commère, de ce petit monstre ? J'ai envie de l'é-
trangler. — Gardez-vous-en bien, dit la
causeuse : j'ai vu d'autres Ourses dans le
même embarras que vous. Allez, léchez dou-

cement votre fils, il sera bientôt joli, mignon et propre à vous faire honneur. La mère crut facilement ce qu'on lui disait en faveur de son fils. Elle eut la patience de le lécher longtemps. Enfin il commença à être moins difforme, et elle alla remercier la Corneille en ces termes : Si vous n'eussiez modéré mon impatience, j'aurais cruellement déchiré mon fils, qui fait maintenant tout le plaisir de ma vie.

Oh ! que l'impatience empêche de biens et cause de maux !

II

L'Abeille et la Mouche.

Un jour une Abeille aperçut une Mouche auprès de sa ruche. Que viens-tu faire ici ? lui dit-elle d'un ton furieux. Vraiment, c'est bien à toi, vil animal, à te mêler avec les reines de l'air ! Tu as raison, répondit froidement la Mouche : on a toujours tort de s'approcher d'une nation aussi fougueuse que la vôtre. Rien n'est plus sage que nous, dit l'Abeille : nous seules avons des lois et

une république bien policée ; nous ne brou-
tons que des fleurs odoriférantes ; nous ne
faisons que du miel délicieux, qui égale le
nectar. Ote-toi de ma présence, vilaine Mouche importune, qui ne fais que bourdonner
et chercher ta vie sur des ordures, Nous vivons comme nous pouvons, répondit la Mouche : la pauvreté n'est pas un vice ; mais la
colère en est un grand. Vous faites du miel
qui est doux, mais votre cœur est toujours
amer ; vous êtes sages dans vos lois, mais
emportées dans votre conduite. Votre colère,
qui pique vos ennemis, vous donne la mort,
et votre folle cruauté vous fait plus de mal
qu'à personne. Il vaut mieux avoir des qualités moins éclatantes avec plus de modération.

III

Les deux Renards.

Deux Renards entrèrent la nuit par sur-
prise dans un poulailler ; ils étranglèrent le
coq, les poules et les poulets ; après ce carnage, ils apaisèrent leur faim. L'un, qui était

1.

jeune et ardent, voulait tout dévorer ; l'autre, qui était vieux et avare, voulait garder
quelque provision pour l'avenir. Le vieux
disait : Mon enfant, l'expérience m'a rendu
sage ; j'ai vu bien des choses depuis que je
suis au monde. Ne mangeons pas tout notre
bien en un seul jour. Nous avons fait fortune ; c'est un trésor que nous avons trouvé,
il faut le ménager. Le jeune répondait : Je
veux tout manger pendant que j'y suis, et
me rassasier pour huit jours : car pour ce
qui est de revenir ici, chansons ! il n'y fera
pas bon demain ; le maître, pour venger la
mort de ses poules, nous assommerait. Après
cette conversation, chacun prend son parti.
Le jeune mange tant, qu'il se crève, et peut
à peine aller mourir dans son terrier. Le
vieux, qui se croit bien plus sage de modé-
rer ses appétits et de vivre d'économie,
veut, le lendemain, retourner à sa proie, et
est assommé par le maître.

Ainsi chaque âge a ses défauts : les jeunes
gens sont fougueux et insatiables dans leurs
plaisirs ; les vieux sont incorrigibles dans
leur avarice.

IV

Le Loup et le jeune Mouton.

Des Moutons étaient en sûreté dans leur
parc; les chiens dormaient; et le berger, à
l'ombre d'un grand ormeau, jouait de la
flûte avec d'autres bergers voisins. Un loup
affamé vint, par les fentes de l'enceinte, re-
connaître l'état du troupeau. Un jeune Mouton sans expérience, et qui n'avait jamais
rien vu, entra en conversation avec lui :
Que venez-vous chercher ici? dit-il au glou-
ton. L'herbe tendre et fleurie, lui répondit
le Loup. Vous savez que rien n'est plus
doux que de paître dans une verte prairie
émaillée de fleurs, pour apaiser sa faim, et
d'aller éteindre sa soif dans un clair ruisseau : j'ai trouvé ici l'un et l'autre. Que faut-
il davantage? J'aime la philosophie qui en-
seigne à se contenter de peu. Est-il donc
vrai, repartit le jeune Mouton, que vous ne
mangez point la chair des animaux, et qu'un
peu d'herbe vous suffit? Si cela est, vivons
comme frères, et paissons ensemble. Aussi-

tôt le Mouton sort du parc dans la prairie,
où le sobre philosophe le mit en pièces et
l'avala.

Défiez-vous des belles paroles des gens
qui se vantent d'être vertueux. Jugez-en
par leurs actions, et non par leurs discours.

V

Le Dragon et les Renards.

Un Dragon gardait un trésor dans une
profonde caverne : il veillait jour et nuit
pour le conserver. Deux Renards, grands
fourbes et grands voleurs de leur métier,
s'insinuèrent auprès de lui par leurs flatte-
ries. Ils devinrent ses confidents : les gens
les plus complaisants et les plus empressés
ne sont pas les plus sûrs. Ils le traitaient de
grand personnage, admiraient toutes ses
fantaisies, étaient toujours de son avis, et se
moquaient entre eux de leur dupe. Enfin il
s'endormit un jour au milieu d'eux. Ils l'é-
tranglèrent et s'emparèrent du trésor. Il fallut le partager entre eux : c'était une affaire
bien difficile ; car deux scélérats ne s'accor-

dent que pour faire du mal. L'un d'eux se
mit à moraliser : A quoi, disait-il, nous ser-
vira tout cet argent? Un peu de chasse nous
vaudrait mieux; on ne mange point de mé-
tal : les pistoles sont de mauvaise digestion.
Les hommes sont des fous d'aimer tant ces
fausses richesses. Ne soyons pas aussi inté-
ressés qu'eux. L'autre fit semblant d'être
touché de ces réflexions, et assura qu'il
voulait vivre en philosophe comme Bias,
portant tout son bien sur lui. Chacun fit
semblant de quitter le trésor : mais ils se
dressèrent des embûches, et s'entre-déchi-
rèrent. L'un d'eux, en mourant, dit à l'autre, qui était aussi blessé que lui : Que
voulais-tu faire de cet argent? — La même
chose que tu voulais en faire, répondit l'autre. Un homme, passant, apprit leur aven-
ture, et les trouva bien fous. Vous ne l'êtes
pas moins que nous, lui dit un des Renards.
Vous ne sauriez, non plus que nous, vous
nourrir d'argent, et vous vous tuez pour en
avoir. Du moins, notre race jusqu'ici a été
assez sage pour ne mettre en usage aucune
monnaie. Ce que vous avez introduit chez
vous pour la commodité fait votre malheur.

Vous perdez les vrais biens, pour chercher
les biens imaginaires.

VI

Les Abeilles.

Un jeune prince, au retour des zéphirs,
lorsque toute la nature se ranime, se promenait dans un jardin délicieux; il entendit
un grand bruit, et aperçut une ruche d'A-
beilles. Il s'approche de ce spectacle, qui
était nouveau pour lui; il vit avec étonnement l'ordre, le soin et le travail de cette
petite république. Les cellules commençaient à se former et à prendre une figure
régulière. Une partie des Abeilles les rem-
plissaient de leur doux nectar : les autres
apportaient des fleurs qu'elles avaient choisies entre toutes les richesses du printemps.
L'oisiveté et la paresse étaient bannies de
ce petit État : tout y était en mouvement,
mais sans confusion et sans trouble. Les
plus considérables d'entre les Abeilles con-
duisaient les autres, qui obéissaient sans
murmure et sans jalousie contre celles qui

étaient au-dessus d'elles. Pendant que le
jeune prince admirait cet objet qu'il ne connaissait pas encore, une Abeille, que toutes
les autres reconnaissaient pour leur reine,
s'approcha de lui et lui dit : La vue de nos
ouvrages et de notre conduite vous réjouit ;
mais elle doit encore plus vous instruire.
Nous ne souffrons point chez nous le désor-
dre ni la licence ; on n'est considérable
parmi nous que par son travail et par les talents qui peuvent être utiles à notre république. Le mérite est la seule voie qui élève
aux premières places. Nous ne nous occu-
pons nuit et jour qu'à des choses dont les
hommes retirent toute l'utilité. Puissiez-
vous être un jour comme nous, et mettre
dans le genre humain l'ordre que vous admi-
rez chez nous ! Vous travaillerez par là à son
bonheur et au vôtre ; vous remplirez la tâche que le destin vous a imposée : car vous
ne serez au-dessus des autres que pour les
protéger, que pour écarter les maux qui les
menacent, que pour leur procurer tous les
biens qu'ils ont droit d'attendre d'un gou-
verneur vigilant et paternel.

VII

Le Hibou.

Un jeune Hibou, qui s'était vu dans une fontaine, et qui se trouvait plus beau, je ne dirai pas que le jour, car il le trouvait fort désagréable, mais que la nuit, qui avait de grands charmes pour lui, disait en lui-même : J'ai sacrifié aux Grâces ; Vénus a mis sur moi sa ceinture dès ma naissance ; les tendres Amours, accompagnés des Jeux et des Ris, voltigent autour de moi pour me caresser. Il est temps que le blond Hyménée me donne des enfants gracieux comme moi ; ils seront l'ornement des bocages et les délices de la nuit. Quel dommage que la race des plus parfaits oiseaux se perdît ! heureuse l'épouse qui passera sa vie à me voir ! Dans cette pensée, il envoie la Corneille demander de sa part une petite Aiglonne, fille de l'Aigle, reine des airs. La Corneille avait peine à se charger de cette ambassade : Je serai mal reçue, disait-elle, de proposer un mariage si mal assorti. Quoi ! l'Aigle, qui ose

regarder fixement le soleil, se marierait avec
vous, qui ne sauriez seulement ouvrir les
yeux tandis qu'il est jour! c'est le moyen
que les deux époux ne soient jamais ensemble; l'un sortira le jour, et l'autre la nuit.
Le Hibou, vain et amoureux de lui-même,
n'écouta rien. La Corneille, pour le contenter, alla enfin demander l'Aiglonne. On se
moqua de sa folle demande. L'Aigle lui répondit : Si le Hibou veut être mon gendre,
qu'il vienne après le lever du soleil me saluer au milieu de l'air. Le Hibou présomp-
tueux y voulut aller. Ses yeux furent d'a-
bord éblouis; il fut aveuglé par les rayons
du soleil, et tomba du haut de l'air sur un
rocher. Tous les oiseaux se jetèrent sur lui,
et lui arrachèrent ses plumes. Il fut trop
heureux de se cacher dans son trou, et d'é-
pouser la Chouette, qui fut une digne dame
du lieu. Leur hymen fut célébré la nuit, et
ils se trouvèrent l'un et l'autre très beaux et
très agréables.

Il ne faut rien chercher au-dessus de soi,
ni se flatter sur ses avantages.

VIII

Les deux Lionceaux.

Deux Lionceaux avaient été nourris ensemble dans la même forêt : ils étaient de
même âge, de même taille, de mêmes forces.
L'un fut pris dans de grands filets, à une
chasse du grand Mogol : l'autre demeura
dans des montagnes escarpées. Celui qu'on
avait pris fut mené à la cour, où il vivait
dans les délices : on lui donnait chaque jour
un gazelle à manger ; il n'avait qu'à dormir
dans une loge où on avait soin de le faire
coucher mollement. Un eunuque blanc avait
soin de peigner deux fois le jour sa grande
crinière dorée. Comme il était apprivoisé, le
roi même le caressait souvent. Il était gras,
poli, de bonne mine et magnifique ; car il portait un collier d'or, et on lui mettait aux oreilles des pendants garnis de perles et de diamants : il méprisait tous les autres lions qui
étaient dans des loges voisines, moins belles que la sienne, et qui n'étaient pas en faveur comme lui. Ces prospérités lui enflè-

rent le cœur ; il crut être un grand personnage, puisqu'on le traitait si honorablement.
La cour où il brillait lui donna le goût de
l'ambition ; il s'imaginait qu'il aurait été un
héros, s'il eût habité les forêts. Un jour,
comme on ne l'attachait plus à sa chaîne, il
s'enfuit du palais, et retourna dans le pays
où il avait été nourri. Alors le roi de toute
la nation lionne venait de mourir, et on avait
assemblé les Etats pour lui choisir un suc-
cesseur. Parmi beaucoup de prétendants, il
y en avait un qui effaçait tous les autres par
sa fierté et par son audace ; c'était cet autre
Lionceau qui n'avait point quitté les déserts,
pendant que son compagnon avait fait fortune à la cour. Le solitaire avait souvent
aiguisé son courage par une cruelle faim ; il
était accoutumé à ne se nourrir qu'au travers des plus grands périls et par des carna-
ges ; il déchirait et troupeaux et bergers. Il
était maigre, hérissé, hideux : le feu et le
sang sortaient de ses yeux ; il était léger,
nerveux, accoutumé à grimper, à s'élancer,
intrépide contre les épieux et les dards. Les
deux anciens compagnons demandèrent le
combat, pour décider qui régnerait. Mais

une vieille Lionne, sage et expérimentée,
dont toute la république respectait les conseils, fut d'avis de mettre d'abord sur le
trône celui qui avait étudié la politique à la
cour. Bien des gens murmuraient, disant
qu'elle voulait qu'on préférât un personnage
vain et voluptueux à un guerrier qui avait
appris, dans la fatigue et dans les périls, à
soutenir les grandes affaires. Cependant l'autorité de la vieille Lionne prévalut : on mit
sur le trône le Lion de cour. D'abord il s'a-
mollit dans les plaisirs ; il n'aima que le
faste, il usait de souplesse et de ruse, pour
cacher sa cruauté et sa tyrannie. Bientôt il
fut haï, méprisé, détesté. Alors la vieille
Lionne dit : Il est temps de le détrôner. Je
savais bien qu'il était indigne d'être roi,
mais je voulais que vous en eussiez un gâté
par la mollesse et par la politique, pour
vous mieux faire sentir ensuite le prix d'un
autre qui a mérité la royauté par sa patience
et par sa valeur. C'est maintenant qu'il faut
les faire combattre l'un contre l'autre. Aussitôt on les mit dans un champ clos, où les
deux champions servirent de spectacle à
l'assemblée. Mais le spectacle ne fut pas

long : le Lion amolli tremblait et n osait se
présenter à l'autre : il fuit honteusement
et se cache ; l'autre le poursuit, et lui insulte.
Tous s'écrièrent : Il faut l'égorger et le mettre en pièces. Non, non, répondit-il ; quand
on a un ennemi si lâche, il y aurait de la lâ-
cheté à le craindre. Je veux qu'il vive ; il ne
mérite pas de mourir. Je saurai bien régner
sans m'embarrasser de le tenir soumis. En
effet, le vigoureux Lion régna avec sagesse
et autorité ; l'autre fut très content de lui
faire bassement sa cour, d'obtenir de lui
quelques morceaux de chair, et de passer sa
vie dans une oisiveté honteuse.

IX

Le Renard puni de sa curiosité.

Un Renard des montagnes d'Aragon, ayant
vieilli dans la finesse, voulut donner ses
derniers jours à la curiosité. Il prit le dessein d'aller voir en Castille le fameux Escu-
rial, qui est le palais des rois d'Espagne, bâti
par Philippe II. En arrivant, il fut surpris,
car il était peu accoutumé à la magnificence :
jusqu'alors il n'avait vu que son terrier et

le poulailler d'un fermier voisin, où il était
d'ordinaire assez mal reçu. Il voit là des
colonnes de marbre ; là des portes d'or, des
bas-reliefs de diamant. Il entra dans plusieurs chambres, dont les tapisseries étaient
admirables : on y voyait des chasses, des
combats, des fables où les dieux se jouaient
parmi les hommes ; enfin l'histoire de don
Quichotte, où Sancho, monté sur son grison,
allait gouverner l'île que le duc lui avait
confiée. Puis il aperçut des cages où l'on
avait renfermé des lions et des léopards.
Pendant que le Renard regardait ces merveilles, deux chiens du palais l'étranglèrent.
Il se trouva mal de sa curiosité.

X

Le Chat et les Lapins.

Un Chat qui faisait le modeste était entré
dans une garenne peuplée de Lapins. Aussitôt toute la république alarmée ne songea
qu'à s'enfoncer dans ses trous. Comme le
nouveau venu était au guet auprès d'un
terrier, les députés de la nation lapine, qui
avaient vu ses terribles griffes, comparurent

dans l'endroit le plus étroit de l'entrée du
terrier, pour lui demander ce qu'il prétendait. Il protesta d'une voix douce qu'il voulait seulement étudier les mœurs de la nation ; qu'en qualité de philosophe, il allait
dans tous les pays pour s'informer des cou-
tumes de chaque espèce d'animaux. Les députés, simples et crédules, retournèrent
dire à leurs frères que cet étranger, si véné-
rable par son maintien modeste et par sa
majestueuse fourrure, était un philosophe
sobre, désintéressé, pacifique, qui voulait
seulement rechercher la sagesse de pays en
pays ; qu'il venait de beaucoup d'autres
lieux où il avait vu de grandes merveilles ;
qu'il y aurait bien du plaisir à l'entendre, et
qu'il n'avait garde de croquer les Lapins,
puisqu'il croyait en bon bramin la métempsycose, et ne mangeait d'aucun aliment qui
eût vie. Ce beau discours toucha l'assemblée. En vain un vieux Lapin rusé, qui était
le docteur de la troupe, représenta combien
ce grave philosophe lui était suspect : malgré lui, on va saluer le bramin, qui étrangla
du premier salut sept ou huit de ces pau-
vres gens. Les autres regagnent leurs trous,

bien effrayés et bien honteux de leur faute.

Alors dom Mitis revint à l'entrée du terrier, protestant, d'un ton plein de cordialité,
qu'il n'avait fait ce meurtre que malgré lui,
pour son pressant besoin, que désormais il
vivrait d'autres animaux et ferait avec eux
une alliance éternelle. Aussitôt les Lapins
entrent en négociation avec lui, sans se
mettre néanmoins à la portée de sa griffe.
La négociation dure ; on l'amuse. Cependant
un Lapin des plus agiles sort par les derriè-
res du terrier, et va avertir un berger voisin, qui aimait à prendre dans un lac ces
Lapins nourris de genièvre. Le berger,
irrité contre ce Chat exterminateur d'un peuple si utile, accourut au terrier avec un arc
et des flèches : il aperçoit le Chat, qui n'é-
tait attentif qu'à sa proie, il le perce d'une
de ses flèches ; et le Chat expirant dit ces
dernières paroles : Quand on a une fois
trompé, on ne peut plus être cru de personne ; on est haï, craint, détesté, et on est enfin attrapé par ses propres finesses.

———

XI

Le Pigeon puni de son inquiétude.

Deux Pigeons vivaient ensemble dans un colombier avec une paix profonde. Ils fendaient l'air de leurs ailes, qui paraissaient immobiles par leur rapidité. Ils se jouaient en volant l'un auprès de l'autre, se fuyant et se poursuivant tour à tour ; puis ils allaient chercher du grain dans l'aire du fermier ou dans les prairies voisines. Aussitôt ils allaient se désaltérer dans l'onde pure d'un ruisseau qui coulait au travers de ces prés fleuris. De là, ils revenaient voir leurs pénates dans le colombier blanchi et plein de petits trous : ils y passaient le temps dans une douce société avec leurs fidèles compagnes. Leurs cœurs étaient tendres, le plumage de leurs cous était changeant, et peint d'un plus grand nombre de couleurs que l'inconstante Iris. On entendait le doux murmure de ces heureux Pigeons, et leur vie était délicieuse. L'un d'eux, se dégoûtant des plaisirs d'une vie paisible, se laissa séduire par une folle ambition, et livra son es-

prit aux projets de la politique. Le voilà qui
abandonne son ancien ami ; il part, il va du
côté du Levant. Il passe au-dessus de la
mer Méditerranée, et vogue avec ses ailes
dans les airs, comme un navire avec ses
voiles dans les ondes de Téthys. Il arrive à
Alexandrette ; de là il continue son chemin,
traversant les terres jusques à Alep. En y
arrivant, il salue les autres pigeons de la
contrée, qui servent de courriers réglés, et
il envie leur bonheur. Aussitôt se répand
parmi eux un bruit, qu'il est venu un étranger de leur nation, qui a traversé des pays
immenses. Il est mis au rang des courriers :
il porte toutes les semaines les lettres d'un
bacha, attachées à son pied, et il fait vingt-
huit lieues en moins d'une journée. Il est or-
gueilleux de porter les secrets de l'Etat, et il
a pitié de son ancien compagnon, qui vit
sans gloire dans les trous de son colombier.
Mais un jour, comme il portait les lettres du
pacha, soupçonné d'infidélité par le Grand-
Seigneur, on voulut découvrir, par les lettres de ce bacha, s'il n'avait point quelque
intelligence secrète avec les officiers du roi
de Perse : une flèche tirée perce le pauvre

Pigeon, qui d'une aile traînante se soutient encore un peu, pendant que son sang coule. Enfin il tombe, et les ténèbres de la mort couvrent déjà ses yeux : pendant qu'on lui ôte les lettres pour les lire, il expire plein de douleur, condamnant sa vaine ambition, et regrettant le doux repos de son colombier, où il pouvait vivre en sûreté avec son ami.

XII

Les deux Souris.

Une Souris, ennuyée de vivre dans les périls et dans les alarmes, à cause de Mitis et de Rodilardus, qui faisaient grand carnage de la nation souriquoise, appela sa commère, qui était dans un trou de son voisinage. Il m'est venu, lui dit-elle, une bonne pensée. J'ai lu, dans certains livres que je rongeais ces jours passés, qu'il y a un beau pays, nommé les Indes, où notre peuple est mieux traité et plus en sûreté qu'ici. En ce pays-là, les sages croient que l'âme d'une souris a été autrefois l'âme d'un grand capitaine, d'un roi, d'un merveilleux fakir, et qu'elle pourra, après la mort de la souris, entrer dans le corps de quelque belle dame, ou de quelque grand pandiar. Si je m'en souviens bien, cela s'appelle *métempsycose.* Dans cette opinion, ils traitent tous les animaux avec une charité fraternelle : on voit les hôpitaux de souris, qu'on met en pension, et qu'on nourrit comme des personnes de mérite. Allons, ma sœur, partons pour un si beau pays, où la police est si bonne, et où l'on fait justice à notre mérite. La commère lui répondit : Mais, ma sœur, n'y a-t-il point de chats qui entrent dans ces hôpitaux? Si cela était, ils feraient en peu de temps bien des métempsycoses : un coup de dent ou de griffe ferait un roi ou un fakir, merveille dont nous nous passerions très bien.

Ne craignez point cela, dit la première; l'ordre est parfait dans ce pays-là : les chats ont leurs maisons comme nous les nôtres, et ils ont aussi leurs hôpitaux d'invalides, qui sont à part. Sur cette conversation, nos deux Souris partent ensemble, elles s'embarquent dans un vaisseau qui allait faire un voyage de long cours, en se coulant le long des cordages le soir de la veille de

l'embarquement. On part ; elles sont ravies
de se voir sur la mer, loin des terres maudi-
tes où les chats exerçaient leur tyrannie. La
navigation fut heureuse ; elles arrivent à
Surate, non pour amasser des richesses,
comme les marchands, mais pour se faire
bien traiter par les Indous. A peine furent-
elles entrées dans une maison destinée aux
souris, qu'elles y prétendirent les premières
places. L'une prétendait se souvenir d'avoir
été autrefois un fameux bramin sur la côte
de Malabar ; l'autre protestait qu'elle avait
été une belle dame du même pays, avec de
longues oreilles. Elles firent tant les inso-
lentes, que les Souris indiennes ne purent
les souffrir. Voilà une guerre civile. On
donna sans quartier sur ces deux Franguis,
qui voulaient faire la loi aux autres ; au lieu
d'être mangées par les chats, elles furent
étranglées par leurs propres sœurs.

On a beau aller loin pour éviter le péril ;
si on n'est modeste et sensé, on va chercher
son malheur bien loin : autant vaudrait-il
le trouver chez soi.

—

2.

XIII

Le Lièvre qui fait le brave.

Un Lièvre qui était honteux d'être pol-
tron, cherchait quelque occasion de s'aguer-
rir. Il allait quelquefois par un trou d'une
haie dans les choux du jardin d'un paysan,
pour s'accoutumer au bruit du village. Souvent même il passait assez près de quelques
mâtins, qui se contentaient d'aboyer après
lui. Au retour de ces grandes expéditions,
il se croyait plus redoutable qu'Alcide après
tous ses travaux. On dit même qu'il ne ren-
trait dans son gîte qu'avec des feuilles de
laurier, et faisait l'ovation. Il vantait ses
prouesses à ses compères les Lièvres voisins. Il représentait les dangers qu'il avait
courus, les alarmes qu'il avait données aux
ennemis, les ruses de guerre qu'il avait faites en expérimenté capitaine, et surtout son
intrépidité héroïque. Chaque matin, il re-
merciait Mars et Bellone de lui avoir donné
des talents et un courage pour dompter toutes nations à longues oreilles. Jean Lapin,
discourant un jour avec lui, lui dit d'un ton

moqueur : Mon ami, je te voudrais voir avec
cette belle fierté au milieu d'une meute de
chiens courants. Hercule fuirait bien vite, et
ferait une laide contenance. Moi, répondit
notre preux chevalier, je ne reculerais pas
quand toute la gent chienne viendrait m'at-
taquer. A peine eut-il parlé, qu'il entendit
un petit tournebroche d'un fermier voisin,
qui glapissait dans les buissons assez loin
de lui. Aussitôt il tremble, il frissonne, il a
la fièvre ; ses yeux se troublent, comme
ceux de Pâris quand il vit Ménélas qui venait ardemment contre lui. Il se précipite
d'un rocher escarpé dans une profonde val-
lée, où il pensa se noyer dans un ruisseau.
Jean Lapin, le voyant faire le saut, s'écria
de son terrier : Le voilà ce foudre de guerre !
Le voilà cet Hercule qui doit purger la terre
de tous les monstres dont elle est pleine !

XIV

Histoire de la Reine Gisèle et de la Fée Corysante.

Il était une fois une Reine nommée Gisèle,
qui avait beaucoup d'esprit et un grand

royaume. Son palais était tout de marbre;
le toit était d'argent; tous les meubles qui
sont ailleurs de fer ou de cuivre, étaient
couverts de diamants. Cette Reine était fée;
et elle n'avait qu'à faire des souhaits, aussi-
sitôt tout ce qu'elle voulait ne manquait pas
d'arriver. Il n'y avait qu'un seul point qui
ne dépendait pas d'elle : c'est qu'elle avait
cent ans, et elle ne pouvait se rajeunir. Elle
avait été plus belle que le jour, et elle était
devenue si laide et si horrible, que les gens
mêmes qui venaient lui faire la cour cher-
chaient, en lui parlant, des prétextes pour
tourner la tête, de peur de la regarder. Elle
était toute courbée, tremblante, boîteuse,
ridée, crasseuse, chassieuse, toussant et
crachant toute la journée avec une saleté
qui faisait bondir le cœur. Elle était borgne
et presque aveugle; ses yeux de travers
avaient une bordure d'écarlate : enfin elle
avait une barbe grise au menton. En cet
état, elle ne pouvait se regarder elle-même,
et elle avait fait casser tous les miroirs de
son palais. Elle n'y pouvait souffrir aucune
jeune personne d'une figure raisonnable·
Elle ne se faisait servir que par des gens

borgnes, bossus, boiteux, et estropiés.

Un jour on présenta à la Reine une jeune
fille de quinze ans, d'une merveilleuse
beauté, nommée Corysante. D'abord elle se
récria : Qu'on ôte cet objet de devant mes
yeux! Mais la mère de cette jeune fille lui
dit : Madame, ma fille est fée, et elle a le
pouvoir de donner en ce moment toute sa
beauté. La Reine, détournant ses yeux, répondit : Eh bien! que faut-il lui donner en
récompense? Tous vos trésors, et votre couronne même, lui répondit la mère. C'est de
quoi je ne me dépouillerai jamais, s'écria la
Reine : j'aime mieux mourir. Cette offre
ayant été rebutée, la Reine tomba malade
d'une maladie qui la rendait si puante et si
infecte, que ses femmes n'osaient approcher
d'elle pour la servir, et que ses médecins
jugèrent qu'elle mourrait dans peu de jours.
Dans cette extrémité, elle envoya chercher
la jeune fille, et la pria de prendre sa couronne et tous ses trésors, pour lui donner
sa jeunesse avec sa beauté. La jeune fille
lui dit : Si je prends votre couronne et vos
trésors, en vous donnant ma beauté et mon
âge, je deviendrai tout-à-coup vieille et dif-

forme comme vous. Vous n'avez pas voulu
d'abord faire ce marché, et moi j'hésite à
mon tour pour savoir si je dois le faire. La
Reine la pressa beaucoup; et comme la
jeune fille sans expérience était fort ambi-
tieuse, elle se laissa toucher au plaisir d'ê-
tre reine. Le marché fut conclu. En un moment Gisèle se redressa, et sa taille devint
majestueuse; son teint prit les plus belles
couleurs; ses yeux parurent vifs; la fleur
de la jeunesse se répandit sur son visage;
elle charma toute l'assemblée. Mais il fallut
qu'elle se retirât dans un village et sous une
cabane, étant couverte de haillons. Corysante, au contraire, perdit tous ses agré-
ments, et devint hideuse. Elle demeura dans
ce superbe palais, et commanda en reine.
Dès qu'elle se vit dans un miroir, elle sou-
pira, et dit qu'on n'en présentât jamais aucun devant elle. Elle chercha à se consoler
par ses trésors; mais son or et ses pierreries
ne l'empêchaient point de souffrir tous les
maux de la vieillesse. Elle voulait danser,
comme elle était accoutumée à le faire avec
ses compagnes, dans des prés fleuris, à l'ombre des bocages; mais elle ne pouvait plus

se soutenir qu'avec un bâton. Elle voulait
faire des festins; mais elle était si languis-
sante et si dégoûtée, que les mets les plus
délicieux lui faisaient mal au cœur. Elle n'a-
vait même aucune dent, et ne pouvait se
nourrir que d'un peu de bouillie. Elle voulait
entendre des concerts de musique; mais
elle était sourde. Alors elle regretta sa jeunesse et sa beauté, qu'elle avait follement
quittées pour une couronne et pour des trésors dont elle ne pouvait se servir. De plus,
elle qui avait été bergère et qui était accoutumée à passer les jours à chanter en conduisant ses moutons, elle était à tout moment importunée des affaires difficiles
qu'elle ne pouvait point régler. D'un autre
côté, Gisèle, accoutumée à régner, à posséder tous les plus grands biens, avait déjà oublié les incommodités de la vieillesse; elle
était inconsolable de se voir si pauvre. Quoi!
disait-elle, serai-je toujours couverte de
haillons? A quoi me sert toute ma beauté
sous cet habit crasseux et déchiré? A quoi me
sert-il d'être belle, pour n'être vue que dans
un village, par des gens si grossiers? On me
méprise; je suis réduite à servir et à con-

duire des bêtes. Hélas ! j'étais reine ; je suis
bien, malheureuse d'avoir quitté ma couronne et tant de trésors ! Oh ! si je pouvais
les ravoir ! Il est vrai que je mourrais bientôt ; eh bien ! les autres reines ne meurent-
elles pas ? Ne faut-il pas avoir le courage de
souffrir et de mourir, plutôt que de faire
une bassesse pour devenir jeune ? Corysante sent que Gisèle regrettait son premier
état, et lui dit qu'en qualité de fée elle pouvait faire un second échange. Chacune reprit
son premier état. Gisèle redevint reine, mais
vieille et horrible ; Corysante reprit ses charmes et la pauvreté de bergère. Bientôt Gisèle, accablée de maux, s'en repentit, et déplora son aveuglement ; mais Corysante,
qu'elle pressait de changer encore, lui répondit : J'ai maintenant éprouvé les deux
conditions : j'aime mieux être jeune et manger du pain noir, et chanter tous les jours
en gardant mes moutons, que d'être reine
comme vous dans le chagrin et dans la douleur.

XV

Histoire de Floriso.

Une paysanne connaissait dans son voisinage une fée. Elle la pria de venir à une de
ses couches, où elle eut une fille. La fée prit
d'abord l'enfant entre ses bras, et dit à la
mère : Choisissez ; elle sera, si vous voulez,
belle comme le jour, d'un esprit encore plus
charmant que sa beauté, et reine d'un grand
royaume, mais malheureuse ; ou bien elle
sera laide et paysanne comme vous, mais
contente dans sa condition. La paysanne
choisit d'abord pour cette enfant la beauté
et l'esprit avec une couronne, au hasard de
quelque malheur. Voilà la petite fille dont la
beauté commence déjà à effacer toutes celles
qu'on avait jamais vues. Son esprit était
doux, poli, insinuant ; elle apprenait tout ce
qu'on voulait lui apprendre, et le savait
bientôt mieux que ceux qui le lui avaient appris. Elle dansait sur l'herbe, les jours de
fête, avec plus de grâce que toutes ses compagnes. Sa voix était plus touchante qu'aucun instrument de musique, et elle faisait

elle-même les chansons qu'elle chantait. D'abord elle ne savait point qu'elle était belle : mais, en jouant avec ses compagnes sur le bord d'une claire fontaine, elle se vit; elle remarqua combien elle était différente des autres; elle s'admira. Tout le pays, qui accourait en foule pour la voir, lui fit encore plus connaître ses charmes. Sa mère, qui comptait sur les prédictions de la fée, la regardait déjà comme une reine, et la gâtait par ses complaisances. La jeune fille ne voulait ni filer, ni coudre, ni garder les moutons; elle s'amusait à cueillir des fleurs, à en parer sa tête, à chanter et à danser à l'ombre des bois. Le roi de ce pays-là était fort puissant, et il n'avait qu'un fils, nommé Rosimond, qu'il voulait marier. Il ne put jamais se résoudre à entendre parler d'aucune princesse des États voisins, parce qu'une fée lui avait assuré qu'il trouverait une paysanne plus belle et plus parfaite que toutes les princesses du monde. Il prit la résolution de faire assembler toutes les jeunes villageoises de son royaume au-dessous de dix-huit ans, pour choisir celle qui serait la plus digne d'être choisie. On exclut d'abord

une quantité innombrable de filles qui n'a-
vaient qu'une médiocre beauté, et on en sé-
para trente qui surpassaient infiniment toutes les autres. Florise (c'est le nom de notre
jeune fille) n'eut pas de peine à être mise
dans ce nombre. On rangea ces trente filles
au milieu d'une grande salle, dans un espèce d'amphithéâtre, où le roi et son fils les
pouvaient regarder toutes à la fois. Florise
parut d'abord, au milieu de toutes les autres,
ce qu'une belle anémone paraîtrait parmi
des soucis, ou ce qu'un oranger fleuri paraîtrait au milieu des buissons sauvages. Le
roi s'écria qu'elle méritait sa couronne. Rosimond se crut heureux de posséder Florise.
On lui ôta ses habits du village; on lui en
donna qui étaient tout brodés d'or. En un
instant, elle se vit couverte de perles et de
diamants. Un grand nombre de dames
étaient occupées à la servir. On ne songeait
qu'à deviner ce qui pouvait lui plaire, pour
le lui donner avant qu'elle eût la peine de
le demander. Elle était logée dans un magnifique appartement du palais, qui n'avait,
au lieu de tapisseries, que de grandes glaces de miroir de toute la hauteur des cham-

bres et des cabinets, afin qu'elle eût le plaisir de voir sa beauté multipliée de tous côtés, et que le prince pût l'admirer en quelqu'endroit qu'il jetât les yeux. Rosimond
avait quitté la chasse, le jeu, tous les exer-
cices du corps, pour être sans cesse auprès
d'elle : et comme le roi son père était mort
bientôt après le mariage, c'était la sage Florise, devenue reine, dont les conseils déci-
daient de toutes les affaires de l'Etat.

La reine, mère du nouveau roi, nommée
Gronipote, fut jalouse de sa belle-fille. Elle
était artificieuse, maligne, cruelle. La vieillesse avait ajouté une affreuse difformité
à sa laideur naturelle, et elle ressem-
blait à une Furie. La beauté de Florise la
faisait paraître encore plus hideuse, et l'irri-
tait à tout moment; elle ne pouvait souffrir
qu'une si belle personne la défigurât. Elle
craignait aussi son esprit, et elle s'aban-
donna à toutes les fureurs de l'envie. Vous
n'avez point de cœur, disait-elle souvent à
son fils, d'avoir voulu épouser cette petite
paysanne, et vous avez la bassesse d'en
faire votre idole : elle est fière comme si elle
était née dans la place où elle est. Quand le

roi votre père voulut se marier, il me pré-
féra à toute autre, parce que j'étais la fille
d'un roi égal à lui. C'est ainsi que vous de-
vriez faire. Renvoyez cette petite bergère
dans son village, et songez à quelque jeune
princesse dont la naissance vous convienne.
Rosimond résistait à sa mère; mais Gronipote enleva un jour un billet que Florise
écrivait au roi, et le donna à un jeune homme
de la cour, qu'elle obligea d'aller porter ce
billet au roi, comme si Florise lui avait té-
moigné toute l'amitié qu'elle ne devait avoir
que pour le roi seul. Rosimond, aveuglé par
sa jalousie et par les conseils malins que
lui donna sa mère, fit enfermer Florise pour
toute sa vie dans une haute tour, bâtie sur
la pointe d'un rocher qui s'élevait dans la
mer. Là, elle pleurait nuit et jour, ne sachant
par quelle injustice le roi, qui l'avait tant ai-
mée, la traitait si indignement. Il ne lui était
permis de voir qu'une vieille femme à qui
Gronipote l'avait confiée, et qui lui insultait
à tout moment dans cette prison. Alors Florise se ressouvint de son village, de sa cabane et de tous ses plaisirs champêtres. Un
jour, pendant qu'elle était accablée de dou-

leur, et qu'elle déplorait l'aveuglement de
sa mère, qui avait mieux aimé qu'elle fût
belle et reine malheureuse, que bergère laide
et contente dans son état, la vieille qui la
traitait si mal vint lui dire que le roi envoyait
un bourreau pour lui couper la tête, et
qu'elle n'avait plus qu'à se résoudre à la
mort. Florise lui répondit qu'elle était prête
à recevoir le coup. En effet, le bourreau, en-
voyé par les ordres du roi, sur les conseils
de Gronipote, tenait un grand coutelas pour
l'exécution, quand il parut une femme qui
dit qu'elle venait de la part de cette reine,
pour dire deux mots en secret à Florise
avant sa mort. La vieille la laissa parler à
elle, parce que cette personne lui parut une
des dames du palais; mais c'était la fée qui
avait prédit les malheurs de Florise à sa
naissance, et qui avait pris la figure de cette
dame de la reine-mère. Elle parla à Florise
en particulier, en faisant retirer le monde.
Voulez-vous, lui dit-elle, renoncer à la
beauté qui vous a été si funeste? Voulez-
vous quitter le titre de reine, reprendre vos
anciens habits, et retourner dans votre village? Florise fut ravie d'accepter cette offre.

La fée lui appliqua sur le visage un masque enchanté : aussitôt les traits de son visage devinrent grossiers, et perdirent toute leur proportion; elle devint aussi laide qu'elle avait été belle et agréable. En cet état, elle n'était plus reconnaissable, et elle passa sans peine au travers de tous ceux qui étaient venus là pour être témoins de son supplice. Elle suivit la fée, et repassa avec elle dans son pays. On eut beau chercher Florise, on ne la put trouver en aucun endroit de la tour. On alla en porter la nouvelle au roi et à Gronipote, qui la firent encore chercher, mais inutilement, par tout le royaume. La fée l'avait rendue à sa mère, qui ne l'eût pas connue dans un si grand changement, si elle n'en eût été avertie. Florise fut contente de vivre laide, pauvre et inconnue dans son village, où elle gardait des moutons. Elle entendait tous les jours raconter ses aventures et déplorer ses malheurs. On en avait fait des chansons qui faisaient pleurer tout le monde; elle prenait plaisir à les chanter souvent avec ses compagnes; elle se croyait heureuse en gardant son troupeau, et ne voulut jamais découvrir à personne qui elle était.

XVI

Voyage dans l'île des Plaisirs.

Après avoir longtemps vogué sur la mer
Pacifique, nous aperçûmes de loin une île
de sucre avec des montagnes de compote,
des rochers de sucre candi et de caramel, et
des rivières de sirop qui coulaient dans la
campagne. Les habitants, qui étaient fort
friands, léchaient tous les chemins, et su-
çaient leurs doigts après les avoir trempés
dans les fleuves. Il y avait aussi des forêts
de réglisse, et de grands arbres d'où tombaient des gaufres, que le vent emportait
dans la bouche des voyageurs, si peu qu'elle
fût ouverte. Comme tant de douceurs nous
parurent fades, nous voulûmes passer en
quelque pays où l'on pût trouver des mets
d'un goût plus relevé. On nous assura qu'il
y avait, à dix lieues de là, une autre île où
il y avait des mines de jambons, de saucis-
ses et de ragoûts poivrés. On les creusait,
comme on creuse les mines d'or dans le Pé-
rou. On y trouvait aussi des ruisseaux de
sauces à l'oignon. Les murailles des maisons

sont de croûtes de pâté. Il y pleut du vin couvert, quand le temps est chargé; et, dans les plus beaux jours, la rosée du matin est toujours de vin blanc, semblable au vin grec ou à celui de Saint-Laurent. Pour passer dans cette île, nous fîmes mettre sur le port de celle d'où nous voulions partir, douze hommes d'une grosseur prodigieuse, et qu'on avait endormis : ils soufflaient si fort en ronflant qu'ils remplirent nos voiles d'un vent favorable. A peine fûmes-nous arrivés dans l'autre île, que nous trouvâmes sur le rivage des marchands qui vendaient de l'appétit; car on en manquait souvent parmi tant de ragoûts. Il y avait aussi d'autres gens qui vendaient le sommeil. Le prix en était réglé tant par heure; mais il y avait des sommeils plus chers les uns que les autres, à proportion des songes qu'on voulait avoir. Les plus beaux songes étaient fort chers. J'en demandai des plus agréables pour mon argent; et, comme j'étais las, j'allai d'abord me coucher. Mais à peine fus-je dans mon lit, que j'entendis un grand bruit; j'eus peur, et je demandai du secours. On me dit que c'était la terre qui s'entr'ouvrait. Je crus

3.

être perdu ; mais on me rassura, en me disant qu'elle s'entr'ouvrait ainsi toutes les nuits à une certaine heure, pour vomir avec grand effort des ruisseaux bouillants de chocolat moussé, et des liqueurs glacées de toutes les façons. Je me levai à la hâte pour en prendre, et elles étaient délicieuses. Ensuite je me recouchai, et, dans mon sommeil, je crus voir que tout le monde était de cristal, que les hommes se nourrissaient de parfums quand il leur plaisait, qu'ils ne pouvaient marcher qu'en dansant, ni parler qu'en chantant, qu'ils avaient des ailes pour fendre les airs, et des nageoires pour passer les mers. Mais ces hommes étaient comme des pierres à fusil : on ne pouvait les choquer qu'aussitôt ils ne prissent feu. Ils s'enflammaient comme une mèche, et je ne pouvais m'empêcher de rire, voyant combien ils étaient faciles à émouvoir. Je voulus demander à l'un d'eux pourquoi il paraissait si animé : il me répondit, en me montrant le poing, qu'il ne se mettait jamais en colère.

A peine fus-je éveillé, qu'il vint un marchand d'appétit, me demandant de quoi je voulais avoir faim, et si je voulais qu'il me

vendît des relais d'estomacs pour manger
toute la journée. J'acceptai la condition.
Pour mon argent, il me donna douze petits
sachets de taffetas que je mis sur moi, et
qui devaient me servir comme douze estomacs, pour digérer sans peine douze grands
repas en un jour. A peine eus-je pris les
douze sachets, que je commençai à mourir
de faim. Je passai ma journée à faire douze
festins délicieux. Dès qu'un repas était fini,
la faim me reprenait, et je ne lui donnais
pas le temps de me presser. Mais, comme
j'avais une faim avide, on remarqua que je
ne mangeais pas proprement : les gens du
pays sont d'une délicatesse et d'une propreté
exquises. Le soir, je fus lassé d'avoir passé
toute la journée à table, comme un cheval à
son râtelier. Je pris la résolution de faire
tout le contraire le lendemain, et de ne me
nourrir que de bonnes odeurs. On me donna
à déjeuner de la fleur d'orange. A dîner, ce
fut une nourriture plus forte : on me servit
des tubéreuses et puis des peaux d'Espagne.
Je n'eus que des jonquilles à collation. Le
soir, on me donna à souper de grandes cor-
beilles pleines de toutes les fleurs odorifé-

rantes, et on y ajouta des cassolettes de toutes sortes de parfums. La nuit, j'eus une indigestion, pour avoir trop senti tant d'odeurs nourrissantes. Le jour suivant je jeûnai, pour me délasser de la fatigue des plaisirs de la table. On me dit qu'il y avait en ce pays-là une ville toute singulière, et on me promit de m'y mener par une voiture qui m'était inconnue. On me mit dans une petite chaise de bois fort léger et toute garnie de grandes plumes, et on attacha à cette chaise, avec des cordes de soie, quatre grands oiseaux, grands comme des autruches, qui avaient des ailes proportionnées à leur corps. Ces oiseaux prirent d'abord leur vol. Je conduisis les rênes du côté de l'orient, qu'on m'avait marqué. Je voyais à mes pieds les hautes montagnes, et nous volâmes si rapidement, que je perdais presque l'haleine en fendant le vague de l'air. En une heure nous arrivâmes à cette ville si renommée. Elle est toute de marbre, et elle est grande trois fois comme Paris. Toute la ville n'est qu'une seule maison. Il y a vingt-quatre grandes cours, dont chacune est grande comme le plus grand palais du monde; et

au milieu de ces vingt-quatre cours, il y en
a une vingt-cinquième qui est six fois plus
grande que chacune des autres. Tous les lo-
gements de cette maison sont égaux, car il
n'y a point d'inégalité de conditions entre
les habitants de cette ville. Il n'y a là ni domestiques ni petit peuple; chacun se sert
soi-même, personne n'est servi : il y a seulement des souhaits, qui sont de petits esprits follets et voltigeants, qui donnent à
chacun tout ce qu'il désire dans le moment
même. En arrivant, je reçus un de ces esprits qui s'attacha à moi, et qui ne me laissa
manquer de rien; à peine me donnait-il le
temps de désirer. Je commençais même à
être fatigué des nouveaux désirs que cette
liberté de me contenter excitait sans cesse
en moi; et je compris, par expérience, qu'il
valait mieux se passer des choses superflues,
que d'être sans cesse dans de nouveaux désirs, sans pouvoir jamais s'arrêter à la jouis-
sance tranquille d'aucun plaisir. Les habitants de cette ville étaient polis, doux et
obligeants. Ils me reçurent comme si j'avais
été l'un d'entre eux. Dès que je voulais parler, ils devinaient ce que je voulais, et le fai-

saient sans attendre que je m'expliquasse.
Cela me surprit, et j'aperçus qu'ils ne parlaient jamais entre eux : ils lisent dans les
yeux les uns des autres tout ce qu'ils pen-
sent, comme on lit dans un livre; quand ils
veulent cacher leurs pensées, ils n'ont qu'à
fermer les yeux. Ils me menèrent dans une
salle où il y eut une musique de parfums.
Ils assemblent les parfums comme nous as-
semblons les sons. Un certain assemblage
de parfums, les uns plus forts, les autres
plus doux, était une harmonie qui chatouille
l'odorat, comme nos concerts flattent l'o-
reille par des sons tantôt graves et tantôt
aigus. En ce pays-là les femmes gouvernent
les hommes; elles jugent les procès, elles
enseignent les sciences et vont à la guerre.
Les hommes s'y fardent, s'y ajustent depuis
le matin jusqu'au soir; ils filent, ils cousent,
ils travaillent à la broderie, et ils craignent
d'être battus par leurs femmes, quand ils ne
leur ont pas obéi. On dit que la chose se passait autrement il y a un certain nombre
d'années : mais les hommes, servis par les
souhaits, sont devenus si lâches, si pares-
seux et si ignorants, que les femmes furent

honteuses de se laisser gouverner par eux.
Elles s'assemblèrent pour réparer les maux
de la république. Elles firent des écoles pu-
bliques, où les personnes de leur sexe qui
avaient le plus d'esprit se mirent à étudier.
Elles désarmèrent leurs maris, qui ne demandaient pas mieux que de n'aller jamais
aux coups. Elles les débarrassèrent de tous
les procès à juger, veillèrent à l'ordre public,
établirent des lois, les firent observer, et
sauvèrent la chose publique, dont l'inappli-
cation, la légèreté, la mollesse des hommes,
auraient sûrement causé la ruine totale.
Touché de ce spectacle, et fatigué de tant de
festins et d'amusements, je conclus que les
plaisirs des sens, quelque variés, quelque
faciles qu'ils soient, avilissent et ne rendent
point heureux. Je m'éloignai donc de ces
contrées, en apparence si délicieuses, et, de
retour chez moi, je trouvai dans une vie sobre, dans un travail modéré, dans des
mœurs pures, dans la pratique de la vertu,
le bonheur et la santé, que n'avaient pu me
procurer la continuité de la bonne chère et
la variété des plaisirs.

XVII

Voyage supposé, en 1690.

Il y a quelques années que nous fîmes un
beau voyage, dont vous serez bien aise que
je vous raconte le détail. Nous partîmes de
Marseille pour la Sicile, et nous résolûmes
d'aller visiter l'Egypte. Nous arrivâmes à
Damiette, nous passâmes au Grand-Caire.

Après avoir vu les bords du Nil, en re-
montant vers le sud, nous nous engageâmes
insensiblement à aller voir la mer Rouge.
Nous trouvâmes sur cette côte un vaisseau
qui s'en allait dans certaines îles qu'on as-
surait être encore plus délicieuses que les
îles Fortunées. La curiosité de voir ces merveilles nous fit embarquer; nous voguâmes
pendant trente jours : enfin nous aperçûmes
la terre de loin. A mesure que nous appro-
chions, on sentait les parfums que ces îles
répandaient dans toute la mer.

Quand nous abordâmes, nous reconnûmes
que tous les arbres de ces îles étaient d'un
bois odoriférant comme le cèdre. Ils étaient
chargés en même temps de fruits délicieux

et de fleurs d'une odeur exquise. La terre
même, qui était noire, avait un goût de chocolat, et on en faisait des pastilles. Toutes
les fontaines étaient de liqueurs glacées ; là,
de l'eau de groseille ; ici, de l'eau de fleur
d'orange ; ailleurs, des vins de toutes les façons. Il n'y avait aucune maison dans toutes ces îles, parce que l'air n'y était jamais
ni froid ni chaud. Il y avait partout, sous
les arbres, des lits de fleurs, où l'on se cou-
chait mollement pour dormir ; pendant le
sommeil, on avait toujours des songes de
nouveaux plaisirs ; il sortait de la terre des
vapeurs douces qui représentaient à l'imagination des objets encore plus enchantés que
ceux qu'on voyait en veillant : ainsi on dor-
mait moins pour le besoin que pour le plaisir. Tous les oiseaux de la campagne sa-
vaient la musique, et faisaient entre eux des
concerts.

Les zéphyrs n'agitaient les feuilles des arbres qu'avec règle, pour faire une douce
harmonie. Il y avait dans tout le pays beaucoup de cascades naturelles : toutes ces
eaux, en tombant sur des rochers creux,
faisaient un son d'une mélodie semblable à

celle des meilleurs instruments de musique. Il n'y avait aucun peintre dans tout le pays; mais quand on voulait avoir le portrait d'un ami, un beau paysage, ou un tableau qui représentât quelque autre objet, on mettait de l'eau dans de grands bassins d'or ou d'argent; puis on opposait cette eau à l'objet qu'on voulait peindre. Bientôt l'eau, se congelant, devenait comme une glace de miroir, où l'image de cet objet demeurait ineffaçable. On l'emportait où l'on voulait, et c'était un tableau aussi fidèle que les plus polies glaces de miroir. Quoiqu'on n'eût aucun besoin de bâtiments, on ne laissait pas d'en faire, mais sans peine. Il y avait des montagnes dont la superficie était couverte de gazons toujours fleuris. Le dessous était d'un marbre plus solide que le nôtre, mais si tendre et si léger, qu'on le coupait comme du beurre, et qu'on le transportait cent fois plus facilement que du liége; ainsi on n'avait qu'à tailler avec un ciseau, dans les montagnes, des palais ou des temples de la plus magnifique architecture : puis deux enfants emportaient sans peine le palais dans la place où l'on voulait le mettre.

FABLES DE FÉNELON. 53

Les hommes un peu sobres ne se nourrissaient que d'odeurs exquises. Ceux qui voulaient une plus forte nourriture mangeaient de cette terre mise en pastilles de chocolat, et buvaient de ces liqueurs glacées qui coulaient des fontaines. Ceux qui commençaient à vieillir allaient se renfermer pendant huit jours dans une profonde caverne, où ils dormaient tout ce temps-là avec des songes agréables : il ne leur était permis d'apporter en ce lieu ténébreux aucune lumière. Au bout de huit jours, ils s'éveillaient avec une nouvelle vigueur; leurs cheveux redevenaient blonds; leurs rides étaient effacées; ils n'avaient plus de barbe : toutes les grâces de la plus tendre jeunesse revenaient en eux. En ce pays, tous les hommes avaient de l'esprit; mais ils n'en faisaient aucun bon usage. Ils faisaient venir des esclaves des pays étrangers, et les faisaient penser pour eux; car ils ne croyaient pas qu'il fût digne d'eux de prendre jamais la peine de penser eux-mêmes. Chacun voulait avoir des penseurs à gages, comme on a ici des porteurs de chaise pour s'épargner la peine de marcher.

Ces hommes, qui vivaient avec tant de délices et de magnificence, étaient fort sales :
il n'y avait dans tout le pays rien de puant
ni de malpropre que l'ordure de leur nez, et
ils n'avaient point d'horreur de la manger.
On ne trouvait ni politesse ni civilité parmi
eux. Ils aimaient à être seuls ; ils avaient
un air sauvage et farouche ; ils chantaient
des chansons barbares qui n'avaient aucun
sens. Ouvraient-ils la bouche, c'était pour
dire non à tout ce qu'on leur proposait. Au
lieu qu'en écrivant nous faisons nos lignes
droites, ils faisaient les leurs en demi-cercle.
Mais ce qui me surprit davantage, c'est qu'ils
dansaient les pieds en-dedans ; ils tiraient la
langue ; ils faisaient des grimaces qu'on ne
voit jamais en Europe, ni en Asie, ni même
en Afrique, où il y a tant de monstres. Ils
étaient froids, timides et honteux devant les
étrangers, hardis et emportés contre ceux
qui étaient dans leur familiarité.

Quoique le climat soit très doux et le ciel
très constant en ce pays-là, l'humeur des
hommes y est inconstante et rude. Voici un
remède dont on se sert pour les adoucir. Il
y a dans des îles certains arbres qui portent

un grand fruit d'une forme longue, qui pend
du haut des branches. Quand ce fruit est
cueilli, on en ôte tout ce qui est bon à
manger, et qui est délicieux; il reste une
écorce dure, qui forme un grand creux, à
peu près de la figure d'un luth. Cette écorce
a de longs filaments durs et fermes comme
des cordes, qui vont d'un bout à l'autre. Ces
espèces de cordes, dès qu'on les touche un
peu, rendent d'elles-mêmes tous les sons
qu'on veut. On n'a qu'à prononcer le nom de
l'air qu'on demande, ce nom, soufflé sur les
cordes, leur imprime aussitôt cet air. Par
cette harmonie, on adoucit un peu les esprits farouches et violents. Mais, malgré les
charmes de la musique, ils retombent toujours dans leur humeur sombre et incompa-
tible.

Nous demandâmes soigneusement s'il n'y
avait point dans le pays des lions, des ours,
des tigres, des panthères; et je compris qu'il
n'y avait dans ces charmantes îles rien de
féroce que les hommes. Nous aurions passé
volontiers notre vie dans une si heureuse
terre, mais l'humeur insupportable de ses
habitants nous fit renoncer à tant de dé-

ces. Il fallut, pour se délivrer d'eux, se rembarquer et retourner par la mer Rouge en Egypte, d'où nous retournâmes en Sicile, en fort peu de jours; puis nous vînmes de Palerme à Marseille avec un vent très favorable.

Je ne vous raconte point ici beaucoup d'autres circonstances merveilleuses de la nature de ce pays, et des mœurs de ses habitants. Si vous en êtes curieux, il me sera facile de satisfaire votre curiosité.

Mais qu'en conclurez-vous? que ce n'est pas un beau ciel, une terre fertile et riante, ce qui amuse, ce qui flatte les sens, qui nous rendent bons et heureux. N'est-ce pas là, au contraire, ce qui nous amollit, ce qui nous dégrade, ce qui nous fait oublier que nous avons une âme raisonnable, et négliger le soin et la nécessité de vaincre nos inclinations perverses, et de travailler à devenir vertueux?

XVIII

Histoire du roi Alfaroute et de Clariphile.

Il y avait un roi nommé Alfaroute, qui

était craint de tous ses voisins et aimé de
tous ses sujets. Il était sage, bon, juste,
vaillant, habile; rien ne lui manquait. Une
fée vint le trouver, et lui dire qu'il lui arri-
verait bientôt de grands malheurs, s'il ne se
servait pas de la bague qu'elle lui mit au
doigt. Quand il tournait le diamant de la bague en-dedans de sa main, il devenait d'a-
bord invisible; et dès qu'il le retournait en-
dehors, il était visible comme auparavant.
Cette bague lui fut très commode, et lui fit
grand plaisir. Quand il se défiait de quelqu'un de ses sujets, il allait dans le cabinet
de cet homme, avec son diamant tourné en-
dedans; il entendait et il voyait tous les secrets domestiques, sans être aperçu. S'il
craignait les desseins de quelque roi voisin
de son royaume, il s'en allait jusque dans
ses conseils les plus secrets, où il apprenait
tout sans être jamais découvert. Ainsi il pré-
venait sans peine tout ce qu'on voulait faire
contre lui; il détourna plusieurs conjura-
tions formées contre sa personne, et décon-
certa ses ennemis qui voulaient l'accabler.
Il ne fut pourtant pas content de sa bague,
et il demanda à la fée un moyen de se trans-

porter en un moment d'un pays dans un autre, pour pouvoir faire un usage plus prompt
et plus commode de l'anneau qui le rendait
invisible. La fée lui répondit en soupirant :
Vous en demandez trop! craignez que ce
dernier don ne vous soit nuisible. Il n'é-
couta rien, et la pressa toujours de le lui
accorder. Eh bien! dit-elle, il faut donc,
malgré moi, vous donner ce que vous vous
repentirez d'avoir! Alors elle lui frotta les
épaules d'une odeur odoriférante. Aussitôt
il sentit de petites ailes qui naissaient sur
son dos. Ces petites ailes ne paraissaient
point sous ses habits; mais, quand il avait
résolu de voler, il n'avait qu'à les toucher
avec la main; aussitôt elles devenaient si
longues, qu'il était en état de supasser infiniment le vol rapide d'un aigle. Dès qu'il ne
voulait plus voler, il n'avait qu'à retoucher
ses ailes : d'abord elles se rapetissaient, en
sorte qu'on ne pouvait les apercevoir sous
ses habits. Par ce moyen, le roi allait partout en peu de moments : il savait tout, et
on ne pouvait concevoir par où il devinait
tant de choses; car il se renfermait, et paraissait demeurer presque toute la journée

dans son cabinet, sans que personne osât y
entrer. Dès qu'il y était, il se rendait invisible par sa bague, étendait ses ailes en les
touchant, et parcourait des pays immenses.
Par là, il s'engagea dans de grandes guerres,
où il remporta toutes les victoires qu'il voulut; mais, comme il voyait sans cesse le secret des hommes, il les connut si méchants
et si dissimulés, qu'il n'osait plus se fier à
personne. Plus il devenait puissant et redoutable, moins il était aimé; et il voyait
qu'il n'était aimé d'aucun de ceux même à
qui il avait fait les plus grands biens. Pour
se consoler, il résolut d'aller dans tous les
pays du monde chercher une femme parfaite
qu'il pût épouser, dont il pût être aimé, et
par laquelle il pût se rendre heureuse. Il la
chercha longtemps; et, comme il voyait tout
sans être vu, il connaissait les secrets les
plus impénétrables. Il alla dans toutes les
cours : il trouva partout des femmes dissi-
mulées, qui voulaient être aimées, et qui
s'aimaient trop elles-mêmes pour aimer de
bonne foi un mari. Il passa dans toutes les
maisons particulières : l'une avait l'esprit
léger et inconstant; l'autre était artificieuse,

4

l'autre hautaine, l'autre bizarre; presque toutes fausses, vaines, et idolâtres de leur personne. Il descendit jusqu'aux plus basses conditions, et il trouva enfin la fille d'un pauvre laboureur, belle comme le jour, mais simple et ingénue dans sa beauté, qu'elle comptait pour rien, et qui était en effet sa moindre qualité; car elle avait un esprit et une vertu qui surpassaient toutes les grâces de sa personne. Toute la jeunesse de son voisinage s'empressait pour la voir; et chaque jeune homme eût cru assurer le bonheur de sa vie en l'épousant. Le roi Alfaroute ne put la voir sans en être passionné. Il la demanda à son père, qui fut transporté de joie de voir que sa fille serait une grande reine. Clariphile (c'était son nom) passa de la cabane de son père dans un riche palais, où une cour nombreuse la reçut. Elle n'en fut point éblouie; elle conserva sa simplicité, sa modestie, sa vertu, et elle n'oublia point d'où elle était venue, lorsqu'elle fut au comble des honneurs. Le roi redoubla sa tendresse pour elle, et crut enfin qu'il parviendrait à être heureux; peu s'en fallait qu'il ne le fût déjà, tant il commençait à se

fier au bon cœur de la reine. Il se rendait à
toute heure invisible, pour l'observer et pour
la surprendre ; mais il ne découvrait rien en
elle qu'il ne trouvât digne d'être admiré. Il
n'y avait plus qu'un reste de jalousie et de
défiance qui le troublait encore un peu dans
son amitié.

La fée qui lui avait prédit les suites funes-
tes de son dernier don, l'avertissait souvent,
et il en fut importuné. Il donna ordre qu'on
ne la laissât plus entrer dans le palais, et dit
à la reine qu'il lui défendait de la recevoir.
La reine promit, avec beaucoup de peine,
d'obéir, parce qu'elle aimait fort cette bonne
fée. Un jour la fée voulant instruire la reine
sur l'avenir, entra chez elle sous la figure
d'un officier, et déclara à la reine qui elle
était. Aussitôt la reine l'embrassa tendre-
ment. Le roi, qui était alors invisible, l'aperçut et fut transporté de jalousie jusqu'à la
fureur. Il tira son épée et en perça la reine,
qui tomba mourante entre ses bras. Dans ce
moment, la fée reprit sa véritable figure. Le
roi la reconnut, et comprit l'innocence de la
reine. Alors il voulut se tuer. La fée arrêta
le coup, et tâcha de le consoler. La reine, en

expirant, lui dit : Quoique je meure de votre main, je meurs toute à vous. Alfaroute déplora son malheur d'avoir voulu, malgré la fée, un don qui lui était si funeste. Il lui rendit la bague, et la pria de lui ôter ses ailes. Le reste de ses jours se passa dans l'amertume et dans la douleur. Il n'avait point d'autre consolation que d'aller pleurer sur le tombeau de Clariphile.

XIX

L'Anneau de Gygès.

Pendant le règne du fameux Crésus, il y avait en Lydie un jeune homme bien fait, plein d'esprit, très vertueux, nommé Callimaque, de la race des anciens rois, et devenu si pauvre, qu'il fut réduit à se faire berger. Se promenant un jour sur des montagnes écartées, où il rêvait sur ses malheurs en menant son troupeau, il s'assit au pied d'un arbre pour se délasser. Il aperçut auprès de lui une ouverture étroite dans un rocher. La curiosité l'engage à entrer. Il trouve une caverne large et profonde. D'abord il ne voit goutte; enfin ses yeux s'accoutument à l'obscurité. Il entrevoit dans une lueur sombre une urne d'or, sur laquelle ces mots étaient gravés : *Ici tu trouveras l'anneau de Gygès. O mortel, qui que tu sois, à qui les dieux destinent un si grand bien, montre-leur que tu n'es pas ingrat, et garde-toi d'envier jamais le bonheur d'aucun autre homme!*

Callimaque ouvre l'urne, trouve l'anneau, le prend, et, dans le transport de sa joie, il laissa l'urne, quoiqu'il fût très pauvre et qu'elle fût d'un grand prix. Il sort de la caverne, et se hâte d'éprouver l'anneau enchanté, dont il avait si souvent entendu parler depuis son enfance. Il voit de loin le roi Crésus qui passait pour aller de Sardes dans une maison délicieuse sur les bords du Pactole. D'abord il s'approche de quelques esclaves qui marchaient devant, et qui portaient des parfums pour les répandre sur les chemins où le roi devait passer. Il se mêle parmi eux après avoir tourné son anneau en-dedans, et personne ne l'aperçoit. Il fait du bruit tout exprès en marchant; il prononce même quelques paroles. Tous prêtèrent l'oreille; tous furent étonnés d'entendre une voix, et de ne voir personne. Il se di-

4.

saient les uns aux autres : Est-ce un songe
ou une vérité? N'avez-vous pas cru entendre
parler quelqu'un? Callimaque, ravi d'avoir
fait cette expérience, quitte ces esclaves et
s'approche du roi. Il est déjà tout auprès de
lui sans être découvert; il monte avec lui
sur son char, qui était tout d'argent, orné
d'une merveilleuse sculpture. La reine était
auprès de lui, et ils parlaient ensemble des
plus grands secrets de l'Etat, que Crésus ne
confiait qu'à la reine seule. Callimaque les
entendit pendant tout le chemin.

On arrive dans cette maison, dont tous les
murs étaient de jaspe; le toit était de cuivre
fin et brillant comme l'or; les lits étaient
d'argent, et tout le reste des meubles de
même : tout était orné de diamants et de
pierres précieuses. Tout le palais était sans
cesse rempli des plus doux parfums; et,
pour les rendre plus agréables, on en répan-
dait de nouveaux à chaque heure du jour.
Tout ce qui servait à la personne du roi était
d'or. Quand il se promenait dans ses jardins,
les jardiniers avaient l'art de faire naître les
plus belles fleurs sous ses pas. Souvent on
changeait, pour lui donner une agréable sur-

prise, la décoration des jardins, comme on
change une décoration de scène. On transportait promptement, par de grandes machi-
nes, les arbres avec leurs racines, et on en
apportait d'autres tout entiers ; en sorte que
chaque matin le roi, en se levant, apercevait
ses jardins entièrement renouvelés. Un jour,
c'étaient des grenadiers, des oliviers, des
myrtes, des orangers et une forêt de citron-
niers. Un autre jour, paraissait tout-à-coup
un désert sablonneux avec des pins sauvages, de grands chênes, de vieux sapins qui
paraissaient aussi vieux que la terre. Un
autre jour, on voyait des gazons fleuris, des
prés d'une herbe fine et naissante, tout
émaillés de violettes, au travers desquels
coulaient impétueusement de petits ruisseaux. Sur leurs rives étaient plantés de jeunes saules d'une tendre verdure, de hauts
peupliers qui montaient jusqu'aux nues ;
des ormes touffus et des tilleuls odoriférants,
plantés sans ordre, faisaient une agréable
irrégularité. Puis tout-à-coup, le lendemain,
tous ces petits canaux disparaissaient ; on
ne voyait plus qu'un canal de rivière, d'une
eau pure et transparente. Ce fleuve était le

Pactole, dont les eaux coulaient sur un sable doré. On voyait sur ce fleuve des vaisseaux avec des rameurs vêtus des plus riches étoffes couvertes d'une broderie d'or. Les bancs des rameurs étaient d'ivoire; les rames, d'ébène; le bec des proues, d'argent; tous les cordages, de soie; les voiles, de pourpre; et le corps des vaisseaux, de bois odoriférants comme le cèdre. Tous les cordages étaient ornés de festons; tous les matelots étaient couronnés de fleurs. Il coulait quelquefois, dans l'endroit des jardins qui était sous les fenêtres de Crésus, un ruisseau d'essence, dont l'odeur exquise s'exhalait dans tout le palais. Crésus avait des lions, des tigres et des léopards, auxquels on avait limé les dents et les griffes, qui étaient attelés à de petits chars d'écaille de tortue garnis d'argent. Ces animaux féroces étaient conduits par un frein d'or et par des rênes de soie. Ils servaient au roi et à toute la cour, pour se promener dans les vastes routes d'une forêt qui conservait sous ses rameaux impénétrables une éternelle nuit. Souvent on faisait aussi des courses avec ces chars le long du fleuve, dans une prairie

unie comme un tapis vert. Ces fiers animaux
couraient si légèrement et avec tant de rapidité, qu'ils ne laissaient pas même sur
l'herbe tendre la moindre trace de leurs pas,
ni des roues qu'ils traînaient après eux.
Chaque jour on inventait de nouvelles espèces de courses, pour exercer la vigueur et
l'adresse des jeunes gens. Crésus, à chaque
nouveau jeu, attachait quelque grand prix
pour le vainqueur. Aussi les jours coulaient
dans les délices et parmi les plus agréables
spectacles.

Callimaque résolut de surprendre tous les
Lydiens par le moyen de son anneau. Plusieurs jeunes hommes de la plus haute naissance avaient couru devant le roi, qui était
descendu de son char dans la prairie pour
les voir courir. Dans le moment où tous les
prétendants eurent achevé leur course, et
que Crésus examinait à qui le prix devait
appartenir, Callimaque se met dans le char
du roi. Il demeure invisible; il pousse les
lions, le char vole. On eût cru que c'était celui d'Achille traîné par des coursiers immor-
tels, ou celui de Phébus même, lorsque,
après avoir parcouru la voûte immense des

cieux, il précipite ses chevaux enflammés
dans le sein des ondes. D'abord on crut que
les lions, s'étant échappés, s'enfuyaient au
hasard; mais bientôt on reconnut qu'ils
étaient guidés avec beaucoup d'art, et que
cette course surpasserait toutes les autres.
Cependant le char paraissait vide, et tout le
monde demeurait immobile d'étonnement.
Enfin la course est achevée, et le prix rem-
porté, sans qu'on puisse comprendre par
qui. Les uns croient que c'est une divinité
qui se joue des hommes; les autres assu-
rent que c'est un homme nommé Orodes,
venu de Perse, qui avait l'art des enchantements, qui évoquait les ombres des enfers,
qui tenait dans ses mains toute la puissance
d'Hécate, qui envoyait à son gré la Discorde
et les Furies dans l'âme de ses ennemis, qui
faisait entendre, la nuit, les hurlements de
Cerbère et les gémissements profonds de
l'Erèbe; enfin qui pouvait éclipser la lune
et la faire descendre du ciel sur la terre.
Crésus crut qu'Orodes avait mené le char;
il le fit appeler. On le trouva qui tenait dans
son sein des serpents entortillés, et qui,
prononçant entre ses dents des paroles in-

connues et mystérieuses, conjurait les divinités infernales. Il n'en fallut pas davantage pour persuader qu'il était le vainqueur invisible de cette course. Il assura que non; mais le roi ne put le croire. Callimaque était ennemi d'Orodes, parce que celui-ci avait prédit à Crésus que ce jeune homme lui causerait un jour de grands embarras, et serait la cause de la ruine entière de son royaume. Cette prédiction avait obligé Crésus à tenir Callimaque loin du monde dans un désert, et réduit à une grande pauvreté. Callimaque sentit le plaisir de la vengeance, et fut bien aise de voir l'embarras de son ennemi. Crésus pressa Orodes, et ne put pas l'obliger à dire qu'il avait couru pour le prix. Mais comme le roi le menaça de le punir, ses amis lui conseillèrent d'avouer la chose et de s'en faire honneur. Alors il passa d'une extrémité à l'autre; la vanité l'aveugla. Il se vanta d'avoir fait ce coup merveilleux par la vertu de ses enchantements. Mais, dans le moment où on lui parlait, on fut bien surpris de voir le même char recommencer la même course. Puis le roi entendit une voix qui lui disait à l'oreille : Orodes se moque de toi; il se vante de ce qu'il n'a pas fait. Le roi, irrité contre Orodes, le fit aussitôt charger de fers, et jeter dans une profonde prison.

Callimaque ayant senti le plaisir de contenter ses passions par le secours de son anneau, perdit peu à peu les sentiments de modération et de vertus qu'il avait eus dans sa solitude et dans ses malheurs. Il fut même tenté d'entrer dans la chambre du roi, et de le tuer dans son lit. Mais on ne passe point tout d'un coup aux plus grands crimes ; il eut horreur d'une action si noire, et ne put endurcir son cœur pour l'exécuter. Mais il partit pour s'en aller en Perse trouver Cyrus ; il lui dit les secrets de Crésus qu'il avait entendus, et le dessein des Lydiens de faire une ligue contre les Perses avec les colonies grecques de toutes les côtes de l'Asie-Mineure ; en même temps, il lui expliqua les préparatifs de Crésus et les moyens de le prévenir. Aussitôt Cyrus part de dessus les bords du Tigre, où il était campé avec une armée innombrable, et vient jusqu'au fleuve Halys, où Crésus se présenta à lui avec des troupes plus magnifiques que courageuses. Les Lydiens vi-

vaient trop délicieusement pour ne craindre
point la mort. Leurs habits étaient brodés
d'or, et semblables à ceux des femmes les
plus vaines; leurs armes étaient toutes do-
rées; ils étaient suivis d'un nombre prodi-
gieux de chariots superbes; l'or, l'argent,
les pierres précieuses éclataient partout
dans leurs tentes, dans leurs vases, dans
leurs meubles, et jusque sur leurs esclaves.
Le faste et la mollesse de cette armée ne devaient faire attendre qu'imprudence et lâ-
cheté, quoique les Lydiens fussent en beaucoup plus grand nombre que les Perses.
Ceux-ci, au contraire, ne montraient que
pauvreté et courage : ils étaient légèrement
vêtus; ils vivaient de peu, se nourrissaient
de racines et de légumes, ne buvaient que
de l'eau, dormaient sur la terre, exposés
aux injures de l'air, exerçaient sans cesse
leurs corps pour les endurcir au travail : ils
n'avaient pour tout ornement que le fer;
leurs troupes étaient toutes hérissées de
piques, de dards et d'épées; aussi n'avaient-
ils que du mépris pour des enfants noyés
dans les délices. A peine la bataille mérita-
t-elle le nom d'un combat. Les Lydiens ne
5

purent soutenir le premier choc : ils se ren-
versent les uns sur les autres ; les Perses ne
font que tuer ; ils nagent dans le sang. Crésus s'enfuit jusqu'à Sardes. Cyrus l'y poursuit sans perdre un moment. Le voilà as-
siégé dans sa ville capitale. Il succombe
après un long siége ; il est pris ; on le mène
au supplice. En cette extrémité, il prononce
le nom de Solon. Cyrus veut savoir ce qu'il
dit. Il apprend que Crésus déplore son malheur de n'avoir pas cru ce Grec, qui lui avait
donné de si sages conseils. Cyrus, touché
de ces paroles, donne la vie à Crésus.

Alors Callimaque commença à se dégoûter
de sa fortune. Cyrus l'avait mis au rang de
ses satrapes, et lui avait donné d'assez grandes richesses. Un autre en eût été content ;
mais le Lydien, avec son anneau, se sentait
en état de monter plus haut. Il ne pouvait
souffrir de se voir borné à une condition où
il avait tant d'égaux et un maître. Il ne pouvait se résoudre à tuer Cyrus, qui lui avait
fait tant de bien. Il avait même quelquefois
du regret d'avoir renversé Crésus de son
trône. Lorsqu'il l'avait vu conduit au supplice, il avait été saisi de douleur. Il ne pou-

vait plus demeurer dans un pays où il avait
causé tant de maux, et où il ne pouvait rassasier son ambition. Il part, il cherche un
pays inconnu ; il traverse des terres immenses, éprouve partout l'effet magique et merveilleux de son anneau, élève à son gré et
renverse les rois et les royaumes, amasse
de grandes richesses, parvient au faîte des
honneurs, et se trouve cependant toujours
dévoré de désirs. Son talisman lui procure
tout, excepté la paix et le bonheur. C'est
qu'on ne les trouve que dans soi-même ;
qu'ils sont indépendants de tous ces avantages extérieurs auxquels nous mettons tant
de prix, et que, quand dans l'opulence et la
grandeur on perd la simplicité, l'innocence
et la modération, alors le cœur et la cons-
cience, qui sont les vrais siéges du bonheur,
deviennent la proie du trouble, de l'inquié-
tude, de la honte et du remords.

XX

Histoire d'Alibée, Persan.

Schah-Abbâs, roi de Perse, faisant un
voyage, s'écarta de toute sa cour pour pas-

ser dans la campagne sans y être connu, et
pour y voir les peuples dans toute leur liberté naturelle. Il prit seulement avec lui
un de ses courtisans. Je ne connais point,
lui dit le roi, les véritables mœurs des hommes; tout ce qui nous aborde est déguisé;
c'est l'art, et non pas la nature simple, qui
se montre à nous. Je veux étudier la vie rus-
tique, et voir ce genre d'hommes qu'on méprise tant, quoiqu'ils soient le vrai soutien
de toute la société humaine. Je suis las de
voir des courtisans qui m'observent, pour
me surprendre en me flattant : il faut que
j'aille voir des laboureurs et des bergers qui
ne me connaissent pas. Il passa, avec son
confident, au milieu de plusieurs villages
où l'on faisait des danses, et il était ravi de
trouver loin des cours des plaisirs tranquil-
les et sans dépenses. Il fit un repas dans une
cabane; et comme il avait grand'faim, après
avoir marché plus qu'à l'ordinaire, les ali-
ments grossiers qu'il y prit lui parurent
plus agréables que tous les mets exquis de
sa table. En passant dans une prairie semée
de fleurs, qui bordait un clair ruisseau, il
aperçut un jeune berger qui jouait de la

flûte à l'ombre d'un grand ormeau, auprès
de ses moutons paissants. Il l'aborde, il
l'examine; il lui trouve une physionomie
agréable, un air simple et ingénu, mais noble et gracieux. Les haillons dont le berger
était couvert ne diminuaient point l'éclat de
sa beauté. Le roi crut d'abord que c'était
quelque personne de naissance illustre qui
s'était déguisée; mais il apprit du berger
que son père et sa mère étaient dans un
village voisin, et que son nom était Alibée.
A mesure que le roi le questionnait, il admirait en lui un esprit ferme et raisonnable.
Ses yeux étaient vifs, et n'avaient rien d'ardent ni de farouche; sa voix était douce, in-
sinuante et propre à toucher; son visage
n'avait rien de grossier; mais ce n'était pas
une beauté molle et efféminée. Le berger,
d'environ seize ans, ne savait point qu'il fût
tel qu'il paraissait aux autres : il croyait
penser, parler, être fait comme les autres
bergers de son village; mais, sans éduca-
tion, il avait appris tout ce que la raison fait
apprendre à ceux qui l'écoutent. Le roi,
l'ayant entretenu familièrement, en fut char-
mé : il sut de lui sur l'état des peuples tout

ce que les rois n'apprennent jamais d'une
foule de flatteurs qui les environnent. De
temps en temps il riait de la naïveté de cet
enfant, qui ne ménageait rien dans ses ré-
ponses. C'était une grande nouveauté pour
le roi, que d'entendre parler si naturelle-
ment : il fit signe au courtisan qui l'accom-
pagnait de ne point découvrir qu'il était le
roi ; car il craignait qu'Alibée ne perdît en
un moment toute sa liberté et toutes ses
grâces, s'il venait à savoir devant qui il parlait. Je vois bien, disait le prince au courtisan, que la nature n'est pas moins belle
dans les plus basses conditions que dans
les plus hautes. Jamais enfant de roi n'a
paru mieux né que celui-ci, qui garde les
moutons. Je me trouverais trop heureux
d'avoir un fils aussi beau, aussi sensé, aussi
aimable. Il me paraît propre à tout, et, si on
a le soin de l'instruire, ce sera assurément
un jour un grand homme : je veux le faire
élever auprès de moi. Le roi emmena Alibée,
qui fut bien surpris d'apprendre à qui il s'é-
tait rendu agréable. On lui fit apprendre à
lire, à écrire, à chanter, et ensuite on lui
donna des maîtres pour les arts et pour les

sciences qui ornent l'esprit. D'abord il fut
un peu ébloui de la cour; et son grand changement de fortune changea un peu son
cœur. Son âge et sa faveur jointes ensemble
altérèrent un peu sa sagesse et sa modération. Au lieu de sa houlette, de sa flûte et
de son habit de berger, il prit une robe de
pourpre brodée d'or, avec un turban couvert de pierreries. Sa beauté effaça tout ce
que la cour avait de plus agréable. Il se
rendit capable des affaires les plus sérieu-
ses, et mérita la confiance de son maître,
qui, connaissant le goût exquis d'Alibée
pour toutes les magnificences d'un palais,
lui donna enfin une charge très considérable en Perse, qui est celle de garder tout ce
que le prince a de pierreries et de meubles
précieux.

Pendant toute la vie du grand Schah-Abbas, la faveur d'Alibée ne fit que croître. A
mesure qu'il s'avança dans un âge plus mûr,
il se ressouvint enfin de son ancienne condition, et souvent il la regrettait. O beaux
jours, disait-il en lui-même, jours innocents, jours où j'ai goûté une joie pure et
sans péril, jours depuis lesquels je n'en ai

vu aucun de si doux, ne vous reverrai-je jamais? Celui qui m'a privé de vous, en me donnant tant de richesses, m'a tout ôté. Il voulut aller revoir son village; il s'attendrit dans tous les lieux où il avait autrefois dansé, chanté, joué de la flûte avec ses compagnons. Il fit quelque bien à tous ses parents et à tous ses amis; mais il leur souhaita pour principal bonheur de ne quitter jamais la vie champêtre, et de n'éprouver jamais les malheurs de la cour.

Il les éprouva, ces malheurs. Après la mort de son bon maître Schah-Abbas, son fils Schah-Séphi succéda à ce prince. Des courtisans envieux et pleins d'artifice trouvèrent moyen de le prévenir contre Alibée. Il a abusé, disaient-ils, de la confiance du feu roi, il a amassé des trésors immenses, et a détourné plusieurs choses d'un très grand prix dont il était dépositaire. Schah-Séphi était tout ensemble jeune et prince; il n'en fallait pas tant pour être crédule, inappliqué, et sans précaution. Il eut la vanité de vouloir paraître réformer ce que le roi son père avait fait, et juger mieux que lui. Pour avoir un prétexte de déposséder Alibée

de sa charge, il lui demanda, selon le con-
seil de ces courtisans envieux, de lui apporter un cimeterre garni de diamants d'un
prix immense, que le roi son grand-père
avait accoutumé de porter dans les combats.
Schah-Abbas avait fait autrefois ôter de ce
cimeterre tous ces beaux diamants; et Alibée prouva par de bons témoins que la chose
avait été faite par l'ordre du feu roi, avant
que la charge eût été donnée à Alibée. Quand
les ennemis d'Alibée virent qu'ils ne pouvaient plus se servir de ce prétexte pour le
perdre, ils conseillèrent à Schah-Séphi de
lui commander de faire, dans quinze jours,
un inventaire exact de tous les meubles précieux dont il était chargé. Au bout de quinze
jours, il demanda à voir lui-même toutes
choses. Alibée lui ouvrit toutes les portes,
lui montra tout ce qu'il avait en garde. Rien
n'y manquait; tout était propre, bien rangé,
et conservé avec grand soin. Le roi, bien
mécompté de trouver partout tant d'ordre et
d'exactitude, était presque revenu en faveur
d'Alibée, lorsqu'il aperçut, au bout d'une
grande galerie, pleine de meubles très somp-
tueux, une porte de fer qui avait trois gran-

5.

des serrures. C'est là, lui dirent à l'oreille les courtisans jaloux, qu'Alibée a caché toutes les choses précieuses qu'il vous a dérobées. Aussitôt le roi en colère s'écria : Je veux voir ce qui est au-delà de cette porte. Qu'y avez-vous mis? montrez-le-moi. A ces mots, Alibée se jeta à ses genoux, le conjurant, au nom de Dieu, de ne pas lui ôter ce qu'il avait de plus précieux sur la terre. Il n'est pas juste, disait-il, que je perde en un moment ce qui me reste, et qui fait ma ressource, après avoir travaillé tant d'années auprès du roi votre père. Ôtez-moi, si vous voulez, tout le reste; mais laissez-moi ceci. Le roi ne douta point que ce ne fût un trésor mal acquis, qu'Alibée avait amassé. Il prit un ton plus haut, et voulut absolument qu'on ouvrît cette porte. Enfin Alibée, qui en avait les clefs, l'ouvrit lui-même. On ne trouva en ce lieu que la houlette, la flûte, et l'habit de berger qu'Alibée avait porté autrefois, et qu'il revoyait souvent avec joie, de peur d'oublier sa première condition. Voilà, dit-il, ô grand roi, les précieux restes de mon ancien bonheur : ni la fortune, ni votre puissance n'ont pu me les ôter, Voilà

mon trésor, que je garde pour m'enrichir,
quand vous m'aurez fait pauvre. Reprenez
tout le reste ; laissez-moi ces chers gages
de mon premier état. Les voilà mes vrais
biens, qui ne me manqueront jamais. Les
voilà ces biens simples, innocents, toujours
doux à ceux qui savent se contenter du né-
cessaire, et ne se tourmenter point pour le
superflu. Les voilà ces biens dont la liberté
et la sûreté sont les fruits. Les voilà ces
biens qui ne m'ont jamais donné un moment
d'embarras. O chers instruments d'une vie
simple et heureuse ! je n'aime que vous ;
c'est avec vous que je veux vivre et mourir.
Pourquoi faut-il que d'autres biens trom-
peurs soient venus me tromper, et troubler
le repos de ma vie? Je vous les rends, grand
roi, toutes ces richesses qui me viennent de
votre libéralité : je ne garde que ce que j'a-
vais quand le roi votre père vint, par ses
grâces, me rendre malheureux.

Le roi, entendant ces paroles, comprit
l'innocence d'Alibée ; et, étant indigné contre les courtisans qui l'avaient voulu perdre,
il les chassa d'auprès de lui. Alibée devint
son principal officier, et fut chargé des af-

faires les plus secrètes ; mais il revoyait tous les jours sa houlette, sa flûte et son ancien habit, qu'il tenait toujours prêts dans son trésor, pour les reprendre dès que la fortune inconstante troublerait sa faveur. Il mourut dans une extrème vieillesse, sans avoir jamais voulu ni faire punir ses ennemis, ni amasser aucun bien, et ne laissant à ses parents que de quoi vivre dans la condition de bergers, qu'il crut toujours la plus sûre et la plus heureuse.

XXI

Le jeune Bacchus et le Faune.

Un jour le jeune Bacchus, que Silène instruisait, cherchait les Muses dans un bocage dont le silence n'était troublé que par le bruit des fontaines et par le chant des oiseaux. Le soleil n'en pouvait, avec ses rayons, percer la sombre verdure. L'enfant de Sémélé, pour étudier la langue des dieux, s'assit dans un coin, au pied d'un vieux chêne du tronc duquel plusieurs hommes de l'âge d'or étaient nés. Il avait même autrefois rendu des oracles, et le temps n'avait

osé l'abattre de sa tranchante faux. Auprès
de ce chêne sacré et antique se cachait un
jeune Faune, qui prêtait l'oreille aux vers
que chantait l'enfant, et qui marquait à Silène, par un ris moqueur, toutes les fautes
que faisait son disciple. Aussitôt les Naïades
et les autres Nymphes du bois souriaient
aussi. Ce critique était jeune, gracieux et
folâtre; sa tête était couronnée de lierre et
de pampre : ses tempes étaient ornées de
grappes de raisin; de son épaule gauche
pendait sur son côté droit, en écharpe, un
feston de lierre : et le jeune Bacchus se plaisait à voir ces feuilles consacrées à sa divinité. Le Faune était enveloppé, au-dessus
de la ceinture, par la dépouille affreuse et
hérissée d'une jeune lionne qu'il avait tuée
dans les forêts. Il tenait dans sa main une
houlette courbée et noueuse. Sa queue paraissait derrière comme se jouant sur son
dos. Mais, comme Bacchus ne pouvait souffrir un rieur malin, toujours prêt à se moquer de ses expressions, si elles n'étaient
pures et élégantes, il lui dit d'un ton fier et
impatient : Comment oses-tu te moquer du
fils de Jupiter? Le Faune répondit sans s'é-

mouvoir : Hé ! comment le fils de Jupiter oses-t-il faire quelque faute ?

XXII

Le Nourrisson des Muses favorisé du Soleil.

Le Soleil, ayant laissé le vaste tour du ciel en paix, avait fini sa course, et plongé ses chevaux fougueux dans le sein des ondes de l'Hespérie. Le bord de l'horizon était encore rouge comme la pourpre, et enflammé des rayons ardents qu'il y avait répandus sur son passage. La brûlante Canicule desséchait la terre ; toutes les plantes altérées languissaient ; les fleurs ternies penchaient leurs têtes, et leurs tiges malades ne pouvaient plus les soutenir ; les Zéphyrs mêmes retenaient leurs douces haleines ; l'air que les animaux respiraient était semblable à de l'eau tiède. La nuit, qui répand avec ses ombres une douce fraîcheur, ne pouvait tempérer la chaleur dévorante que le jour avait causée : elle ne pouvait verser sur les hommes abattus et défaillants ni la rosée qu'elle fait distiller quand Vesper brille à la queue des autres étoiles, ni cette

moisson de pavots qui font sentir les charmes du sommeil à toute la nature fatiguée.
Le Soleil seul, dans le sein de Téthys, jouis-
sait d'un profond repos ; mais ensuite, quand
il fut obligé de remonter sur son char attelé
par les Heures et devancé par l'Aurore, qui
sème son chemin de roses, il aperçut tout
l'Olympe couvert de nuages ; il vit les restes
d'une tempête qui avait effrayé les mortels
pendant toute la nuit. Les nuages étaient
encore empestés de l'odeur des vapeurs
soufrées qui avaient allumé les éclairs et
fait gronder le menaçant tonnerre ; les Vents
séditieux, ayant rompu leurs chaînes et
forcé leurs cachots profonds, mugissaient
encore dans les vastes plaines de l'air; des
torrents tombaient des montagnes dans tous
les vallons. Celui dont l'œil plein de rayons
anime toute la nature voyait de toutes
parts, en se levant, le reste d'un cruel orage.
Mais ce qui l'émut davantage, il vit un jeune
nourrisson des Muses, qui lui était fort
cher, et à qui la tempête avait dérobé le
sommeil, lorsqu'il commençait déjà à éten-
dre ses sombres ailes sur ses paupières. Il
fut sur le point de ramener ses chevaux en

arrière, et de retarder le jour, pour rendre
le repos à celui qui l'avait perdu. Je veux,
dit-il, qu'il dorme : le sommeil rafraîchira
son sang, apaisera sa bile, lui donnera la
santé et la force dont il aura besoin pour
imiter les travaux d'Hercule, lui inspirera je
ne sais quelle douceur tendre qui pourrait
seule lui manquer. Pourvu qu'il dorme, qu'il
rie, qu'il adoucisse son tempérament, qu'il
aime les jeux de la société, qu'il prenne plaisir à aimer les hommes et à se faire aimer
d'eux, toutes les grâces de l'esprit et du
corps viendront en foule pour l'orner.

XXIII

Le Rossignol et la Fauvette.

Sur les bords toujours verts du fleuve Al-
phée, il y a un bocage sacré, où trois Naïades répandent à grand bruit leurs eaux clai-
res, et arrosent les fleurs naissantes : les
Grâces y vont souvent se baigner. Les arbres de ce bocage ne sont jamais agités par
les vents, qui les respectent ; ils sont seulement caressés par le souffle des doux Zé-

phyrs. Les Nymphes et les Faunes y font, la nuit, des danses au son de la flûte de Pan. Le soleil ne saurait percer de ses rayons l'ombre épaisse que forment les rameaux entrelacés de ce bocage. Le silence, l'obscurité et la délicieuse fraîcheur y règnent le jour comme la nuit. Sous ce feuillage, on entend Philomèle qui chante d'une voix plaintive et mélodieuse ses anciens malheurs, dont elle n'est pas encore consolée. Une jeune Fauvette, au contraire, y chante ses plaisirs, et elle annonce le printemps à tous les bergers d'alentour. Philomèle même est jalouse des chansons tendres de sa compagne. Un jour, elles aperçurent un jeune berger qu'elles n'avaient point encore vu dans ces bois; il leur parut gracieux, noble, aimant les Muses et l'harmonie : elles crurent que c'était Apollon tel qu'il fut autrefois chez le roi Admète, ou du moins quelque jeune héros du sang de ce dieu. Les deux oiseaux, inspirés par les Muses, commencèrent aussitôt à chanter ainsi :

« Quel est donc ce berger, ou ce dieu in-
» connu qui vient orner notre bocage? Il est
» sensible à nos chansons; il aime la poésie :

» elle adoucira son cœur, et le rendra aussi
» aimable qu'il est fier.

Alors Philomèle continua seule :

« Que ce jeune héros croisse en vertu,
» comme une fleur que le printemps fait
» éclore ! Qu'il aime les doux jeux de l'es-
» prit ! que les Grâces soient sur ses lèvres !
» que la sagesse de Minerve règne dans son
» cœur ! »

La Fauvette lui répondit :

« Qu'il égale Orphée par les charmes de
» sa voix, et Hercule par ses hauts faits !
» qu'il porte dans son cœur l'audace d'A-
» chille, sans en avoir la férocité ! qu'il soit
» bon, qu'il soit sage, bienfaisant, tendre
» pour les hommes, et aimé d'eux ! Que les
» Muses fassent naître en lui toutes les ver-
» tus ! »

Puis les deux oiseaux inspirés reprirent
ensemble :

« Il aime nos douces chansons ; elles en-
» trent dans son cœur, comme la rosée
» tombe sur nos gazons brûlés par le soleil.
» Que les dieux le modèrent, et le rendent
» toujours fortuné ! qu'il tienne en sa main
» la corne d'abondance ! que l'âge d'or re-

» vienne par lui ! que la sagesse se répande
» de son cœur sur tous les mortels ! et que
» les fleurs naissent sous ses pas ! »

Pendant qu'elles chantèrent, les Zéphyrs
retinrent leurs haleines ; toutes les fleurs
du bocage s'épanouirent ; les ruisseaux for-
més par les trois fontaines suspendirent leur
cours ; les Satyres et les Faunes, pour mieux
écouter, dressaient leurs oreilles aiguës ;
Echo redisait ces belles paroles à tous les
rochers d'alentour : et toutes les Dryades
sortirent du sein des arbres verts, pour admirer celui que Philomèle et sa compagne
venaient de chanter.

XXIV

Le départ de Lycon.

Quand la Renommée, par le son éclatant
de sa trompette, eut annoncé aux divinités
rustiques et aux bergers de Cynthe le départ
de Lycon, tous ces bois si sombres retenti-
rent de plaintes amères. Echo les répétait
tristement à tous les vallons d'alentour. On
n'entendait plus le doux son de la flûte ni
celui du hautbois. Les bergers mêmes, dans

leur douleur, brisaient leurs chalumeaux.
Tout languissait : la tendre verdure des arbres commençait à s'effacer; le ciel, jusqu'a-
lors si serein, se chargeait de noires tempê-
tes; les cruels Aquilons faisaient déjà fré-
mir les bocages comme en hiver. Les divinités même les plus champêtres ne furent pas
insensibles à cette perte : les Dryades sortaient des troncs creux des vieux chênes
pour regretter Lycon. Il se fit une assemblée
de ces tristes divinités autour d'un grand
arbre qui élevait ses branches vers les
cieux, et qui couvrait de son ombre épaisse
la terre, sa mère, depuis plusieurs siècles.
Hélas! autour de ce vieux tronc noueux et
d'une grosseur prodigieuse, les Nymphes de
ce bois, accoutumées à faire leurs danses et
leurs jeux folâtres, vinrent raconter leur
malheur. C'en est fait! disaient-elles, nous
ne reverrons plus Lycon : il nous quitte ; la
fortune ennemie nous l'enlève; il va être
l'ornement et les délices d'un autre bocage
plus heureux que le nôtre. Non, il n'est plus
permis d'espérer d'entendre sa voix, ni de le
voir tirant de l'arc, et perçant de ses flèches
les rapides oiseaux. Pan lui-même accourut,

ayant oublié sa flûte; les Faunes et les Satyres suspendirent leurs danses. Les oiseaux mêmes ne chantaient plus : on n'entendait que les cris affreux des hiboux et des
autres oiseaux de mauvais présage. Philomèle et ses compagnes gardaient un morne
silence. Alors Flore et Pomone parurent
tout-à-coup, d'un air riant, au milieu du
bocage, se tenant par la main : l'une était
couronnée de fleurs, et en faisait naître
sous ses pas empreints sur le gazon; l'autre
portait dans une corne d'abondance tous les
fruits que l'automne répand sur la terre pour
payer l'homme de ses peines. Consolez-vous,
dirent-elles à cette assemblée des dieux
consternés : Lycon part, il est vrai, mais il
n'abandonne pas cette montagne à Apollon.
Bientôt vous le reverrez ici, cultivant lui-
même nos jardins fortunés : sa main y plan-
tera les verts arbustes, les plantes qui nour-
rissent l'homme, et les fleurs qui font ses
délices. O aquilons, gardez-vous de flétrir
jamais par vos souffles empestés ces jardins où Lycon prendra des plaisirs innocents. Il préférera la simple nature au faste
et aux divertissements désordonnés; il ai-

mera ces lieux ; il les abandonne à regret. A ces mots, la tristesse se change en joie ; on chante les louanges de Lycon ; on dit qu'il sera amateur des jardins, comme Apollon a été berger conduisant les troupeaux d'Admète : mille chansons divines remplissent le bocage, et le nom de Lycon passe de l'antique forêt jusque dans les campagnes les plus reculées. Les bergers le répètent sur leurs chalumeaux ; les oiseaux mêmes, dans leurs doux ramages, font entendre je ne sais quoi qui ressemble au nom de Lycon. La terre se pare de fleurs et s'enrichit de fruits. Les jardins, qui attendent son retour, lui préparent les grâces du printemps et les magnifiques dons de l'automne. Les seuls regards de Lycon, qu'il jette encore de loin sur cette agréable montagne, la fertilisent. Là, après avoir arraché les plantes sauvages et stériles, il cueillera l'olive et le myrte, en attendant que Mars lui fasse cueillir ailleurs des lauriers.

———

XXV

Le berger Cléobule et la nymphe Phidile.

Un Berger rêveur menait son troupeau sur les rives fleuries du fleuve Achéloüs. Les Faunes et les Satyres, cachés dans les bocages voisins, dansaient sur l'herbe au doux son de sa flûte. Les Naïades, cachées dans les ondes du fleuve, levèrent leurs têtes au-dessus des roseaux pour écouter ses chansons. Achéloüs lui-même, appuyé sur son urne penchée, montra son front, où il ne restait plus qu'une corne depuis son combat avec le grand Hercule; et cette mélodie suspendit pour un peu de temps les peines de ce dieu vaincu. Le Berger était peu touché de voir ces Naïades qui l'admiraient : il ne pensait qu'à la bergère Phidile, simple, naïve, sans aucune parure, à qui la fortune ne donna jamais d'éclat emprunté, et que les Grâces seules avaient ornée et embellie de leurs propres mains. Elle sortait de son village, ne songeait qu'à faire paître ses moutons. Elle seule ignorait sa beauté. Toutes les autres bergères en étaient jalouses.

Le Berger l'aimait et n'osait le lui dire. Ce
qu'il aimait le plus en elle, c'était cette vertu
simple et sévère qui écartait les amants, et
qui fait le vrai charme de la beauté. Mais la
passion ingénieuse fait trouver l'art de re-
présenter ce qu'on n'oserait dire ouverte-
ment : il finit donc toutes ses chansons les
plus agréables, pour en commencer une qui
pût toucher le cœur de cette Bergère. Il savait qu'elle aimait la vertu des héros qui
ont acquis de la gloire dans les combats : il
chanta, sous un nom supposé, ses propres
aventures ; car, en ce temps, les héros mêmes étaient bergers, et ne méprisaient point
la houlette. Il chanta donc ainsi :

« Quand Polynice alla assiéger la ville de
Thèbes, pour renverser du trône son frère
Étéocle, tous les rois de la Grèce parurent
sous les armes, et poussaient leurs chariots
contre les assiégés. Adraste, beau-père de
Polynice, abattait les troupes de soldats et
les capitaines, comme un moissonneur, de
sa faux tranchante, coupe les moissons.
D'un autre côté, le divin Amphiaraüs, qui
avait prévu son malheur, s'avançait dans la
mêlée, et fut tout-à-coup englouti par la

terre, qui ouvrit ses abîmes pour le précipi-
ter dans les sombres rives du Styx. En tombant, il déplorait son infortune d'avoir eu
une femme infidèle. Assez près de là, on
voyait les deux frères, fils d'Œdipe, qui s'at-
taquaient avec fureur : comme un léopard et
un tigre qui s'entre-déchirent dans les rochers du Caucase, ils se roulaient tous deux
dans le sable, chacun paraissant altéré du
sang de son frère. Pendant cet horrible
spectacle, Cléobule, qui avait suivi Polynice, combattit contre un vaillant Thébain
que le dieu Mars rendait presque invincible.
La flèche du Thébain, conduite par le dieu,
aurait percé le cou de Cléobule, qui se détourna promptement. Aussitôt Cléobule lui
enfonça son dard jusqu'au fond des entrail-
les. Le sang du Thébain ruisselle, ses yeux
s'éteignent, sa bonne mine et sa fierté le
quittent : la mort efface ses beaux traits. Sa
jeune épouse, du haut d'une tour, le vit
mourant, et eut le cœur percé d'une douleur
inconsolable. Dans son malheur, je le trouve
heureux d'avoir été aimé et plaint : je mourrais comme lui avec plaisir, pourvu que je
pusse être aimé de même. A quoi servent la

6

valeur et la gloire des plus fameux combats ?
à quoi servent la jeunesse et la beauté,
quand on ne peut ni plaire ni toucher ce
qu'on aime ? »

La Bergère, qui avait prêté l'oreille à une
si tendre chanson, comprit que ce Berger
était Cléobule, vainqueur du Thébain. Elle
devint sensible à la gloire qu'il avait ac-
quise, aux grâces qui brillaient en lui, et
aux maux qu'il souffrait pour elle. Elle lui
donna sa main et sa foi. Un heureux hymen
les joignit : bientôt leur bonheur fut envié
des bergers d'alentour et des divinités
champêtres. Ils égalèrent par leur union,
par leur vie innocente, par leurs plaisirs
rustiques, jusque dans une extrême vieillesse, la douce destinée de Philémon et de
Baucis.

XXVI

Le Fantasque.

Qu'est-il donc arrivé de funeste à Mélan-
the ? Rien au-dehors, tout au-dedans. Ses
affaires vont à souhait : tout le monde cherche à lui plaire. Quoi donc ? c'est que sa rate

fume. Il se coucha hier dans les délices du
genre humain : ce matin, on est honteux
pour lui, il faut le cacher. En se levant, le
pli d'un chausson lui a déplu : toute la journée sera orageuse, et tout le monde en souf-
frira. Il fait peur, il fait pitié : il pleure
comme un enfant, il rugit comme un lion.
Une vapeur maligne et farouche trouble et
noircit son imagination, comme l'encre de
son écritoire barbouille ses doigts. N'allez
pas lui parler des choses qu'il aimait le
mieux il n'y a qu'un moment : par la raison
qu'il les a aimées, il ne les saurait plus souffrir. Les parties de divertissement qu'il a
tant désirées lui deviennent ennuyeuses, il
faut les rompre. Il cherche à contredire, à
se plaindre, à piquer les autres; il s'irrite
de voir qu'ils ne veulent point se fâcher.
Souvent il porte ses coups en l'air, comme
un taureau furieux, qui, de ses cornes ai-
guisées, va se battre contre les vents.
Quand il manque de prétexte pour attraper
les autres, il se tourne contre lui-même : il
se blâme, il ne se trouve bon à rien; il se
décourage, il trouve fort mauvais qu'on
veuille le consoler. Il veut être seul, et ne

peut supporter la solitude. Il revient à la
compagnie, et s'aigrit contre elle. On se tait :
ce silence affecté le choque. On parle tout
bas : il s'imagine que c'est contre lui. On
parle tout haut : il trouve qu'on parle trop,
et qu'on est trop gai, pendant qu'il est
triste. On est triste : cette tristesse lui paraît un reproche de ses fautes. On rit : il
soupçonne qu'on se moque de lui. Que
faire? Etre aussi ferme et aussi patient qu'il
est insupportable, et attendre en paix qu'il
revienne demain aussi sage qu'il était hier.
Cette humeur étrange s'en va comme elle
vient. Quand elle le prend, on dirait que
c'est un ressort de machine qui se démonte
tout-à-coup ; il est comme on dépeint les
possédés ; sa raison est comme à l'envers :
c'est la déraison elle-même en personne.
Poussez-le, vous lui ferez dire en plein jour
qu'il est nuit ; car il n'y a plus ni jour ni nuit
pour une tête démontée par son caprice.
Quelquefois il ne peut s'empêcher d'être
étonné de ses excès et de ses fougues. Malgré son chagrin, il sourit des paroles extra-
vagantes qui lui ont échappé. Mais quel
moyen de prévoir ces orages, et de conju-

rer la tempête? Il n'y en a aucun; point de
bons almanachs pour prédire ce mauvais
temps. Gardez-vous bien de dire : Demain
nous irons nous divertir dans un tel jardin ;
l'homme d'aujourd'hui ne sera point celui de
demain ; celui qui vous promet maintenant
disparaîtra tantôt : vous ne saurez plus où
le prendre, pour le faire souvenir de sa pa-
role ; en sa place, vous trouverez un je ne
sais quoi, qui n'a ni forme ni nom, qui n'en
peut avoir, et que vous ne sauriez définir
deux instants de suite de la même manière.
Etudiez-le bien, puis dites-en tout ce qu'il
vous plaira : il ne sera plus vrai le moment
d'après que vous l'aurez dit. Ce je ne sais
quoi veut et ne veut pas ; il menace, il
tremble ; il mêle des hauteurs ridicules avec
des bassesses indignes. Il pleure, il rit, il
badine, il est furieux. Dans sa fureur la
plus bizarre et la plus insensée, il est plai-
sant, éloquent, subtil, plein de tours nouveaux, quoiqu'il ne lui reste pas seulement
une ombre de raison. Prenez bien garde de
ne lui rien dire qui ne soit juste, précis et
exactement raisonnable : il saurait bien en
prendre avantage, et vous donner adroite-

6.

ment le change; il passerait d'abord de son
tort au vôtre, et deviendrait raisonnable
pour le seul plaisir de vous convaincre que
vous ne l'êtes pas. C'est un rien qui l'a fait
monter jusques aux nues; mais ce rien
qu'est-il devenu? il s'est perdu dans la mêlée; il n'en est plus question : il ne sait plus
ce qui l'a fâché, il sait seulement qu'il se fâche et qu'il veut se fâcher; encore même ne
le sait-il pas toujours. Il s'imagine souvent
que tous ceux qui lui parlent sont emportés, et que c'est lui qui se modère, comme
un homme qui a la jaunisse croit que tous
ceux qu'il voit sont jaunes, quoique le jaune
ne soit que dans ses yeux. Mais peut-être
qu'il épargnera certaines personnes aux-
quelles il doit plus qu'aux autres, ou qu'il
paraît aimer davantage? Non, sa bizarrerie
ne connaît personne : elle se prend sans
choix à tout ce qu'elle trouve! le premier
venu lui est bon pour se décharger : tout lui
est égal, pourvu qu'il se fâche; il dirait des
injures à tout le monde. Il n'aime plus les
gens, il n'en est point aimé; on le persécute,
on le trahit; il ne doit rien à qui que ce soit.
Mais attendez un moment, voici une autre

scène. Il a besoin de tout le monde; il
aime, on l'aime aussi; il flatte, il s'insinue,
il ensorcelle tous ceux qui ne pouvaient
plus le souffrir; il avoue son tort, il rit de
ses bizarreries, il se contrefait; et vous
croiriez que c'est lui-même dans ses accès
d'emportement, tant il se contrefait bien.
Après cette comédie, jouée à ses propres dé-
pens, vous croyez bien qu'au moins il ne fera
plus le démoniaque. Hélas! vous vous trom-
pez : il le fera encore ce soir, pour s'en moquer demain, sans se corriger.

XXVII

La Médaille.

Je crois, Monsieur, que je ne dois point
perdre de temps pour vous informer d'une
chose très curieuse, et sur laquelle vous ne
manquerez pas de faire bien des réflexions.
Nous avons en ce pays un savant nommé
monsieur Wanden, qui a de grandes corres-
pondances avec les antiquaires d'Italie. Il
prétend avoir reçu par eux une médaille antique, que je n'ai pu voir jusqu'ici, mais
dont il a fait frapper des copies qui sont très

bien faites, et qui se répandront bientôt, selon les apparences, dans tous les pays où il y a des curieux. J'espère que dans peu de jours je vous en enverrai une. En attendant, je vais vous en faire la plus exacte description que je pourrai.

D'un côté, cette médaille, qui est fort grande, représente un enfant d'une figure très belle et très noble; on voit Pallas qui le couvre de son égide; en même temps les trois Grâces sèment son chemin de fleurs; Apollon, suivi des Muses, lui offre sa lyre; Vénus paraît en l'air dans son char attelé de colombes, qui laisse tomber sur lui sa ceinture; la Victoire lui montre d'une main un char de triomphe, et de l'autre lui présente une couronne. Les paroles sont prises d'Horace : *Non sine dis animosus infans.*

Le revers est bien différent. Il est manifeste que c'est le même enfant; car on reconnaît d'abord le même air de tête; mais il n'a autour de lui que des masques grotesques et hideux, des reptiles venimeux, comme des vipères et des serpents, des insectes, des hiboux, enfin des harpies sales, qui répandent de l'ordure de tous côtés, et

qui déchirent tout avec leurs ongles cro-
chus. Il y a une troupe de Satyres impu-
dents et moqueurs, qui font les postures les
plus bizarres, qui rient, et qui montrent du
doigt la queue d'un poisson monstrueux,
par où finit le corps de ce bel enfant. Au
bas, on lit ces paroles, qui, comme vous savez, sont aussi d'Horace : *Turpiter atrum
desinit in piscem.*

Les savants se donnent beaucoup de peine
pour découvrir en quelle occasion cette médaille a pu être frappée dans l'antiquité.
Quelques-uns soutiennent qu'elle représente
Caligula, qui, étant fils de Germanicus, avait
donné, dans son enfance, de hautes espérances pour le bonheur de l'empire, mais
qui, dans la suite, devint un monstre. D'autres veulent que tout ceci ait été fait pour
Néron, dont les commencements furent si
heureux, et la fin si horrible. Les uns et les
autres conviennent qu'il s'agit d'un jeune
prince éblouissant, qui promettait beaucoup, et dont toutes les espérances ont été
trompeuses. Mais il y en a d'autres plus dé-
fiants, qui ne croient point que cette médaille soit antique. Le mystère que fait mon-

sieur Wanden, pour cacher l'original, donne de grands soupçons. On s'imagine voir quelque chose de notre temps figuré dans cette médaille : peut-être signifie-t-elle de grandes espérances qui se tourneront en de grands malheurs : il semble qu'on affecte de faire entrevoir malignement quelque jeune prince dont on tâche de rabaisser toutes les bonnes qualités par des défauts qu'on lui impute. D'ailleurs, monsieur Wanden n'est pas seulement curieux, il est encore politique, fort attaché au prince d'Orange, et on soupçonne que c'est d'intelligence avec lui qu'il veut répandre cette médaille dans toutes les cours de l'Europe. Vous jugerez bien mieux que moi, Monsieur, ce qu'il en faut croire. Il me suffit de vous avoir fait part de cette nouvelle, qui fait raisonner ici avec beaucoup de chaleur tous nos gens de lettres, et de vous assurer que je suis toujours votre très humble et très obéissant serviteur.

BAYLE.

D'Amsterdam, le 4 mai 1691.

FIN.

TABLE

FIN DE LA TABLE.

Limoges. — Impr. Eugène Ardant et Cie.

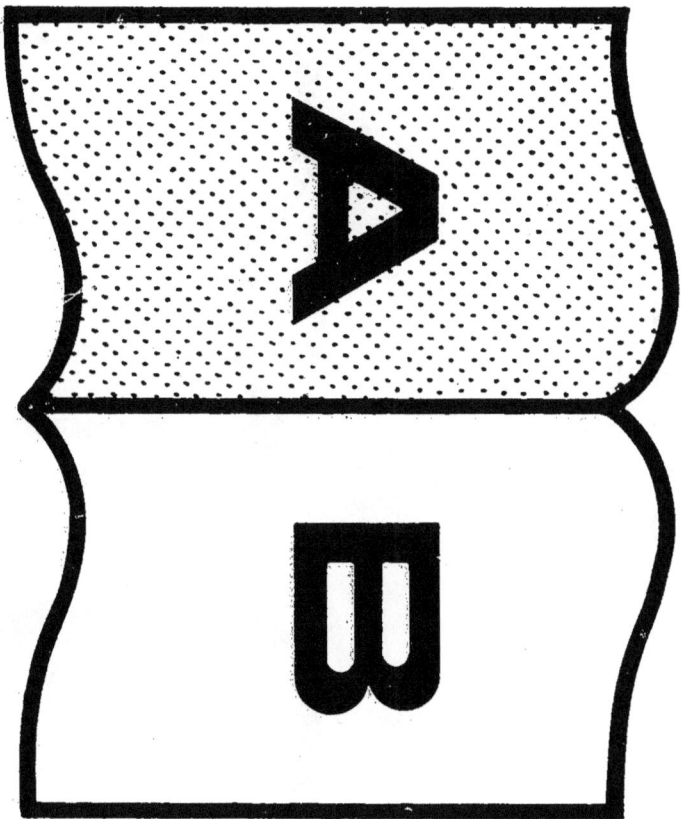

NF Z 43-120-14

Contraste insuffisant

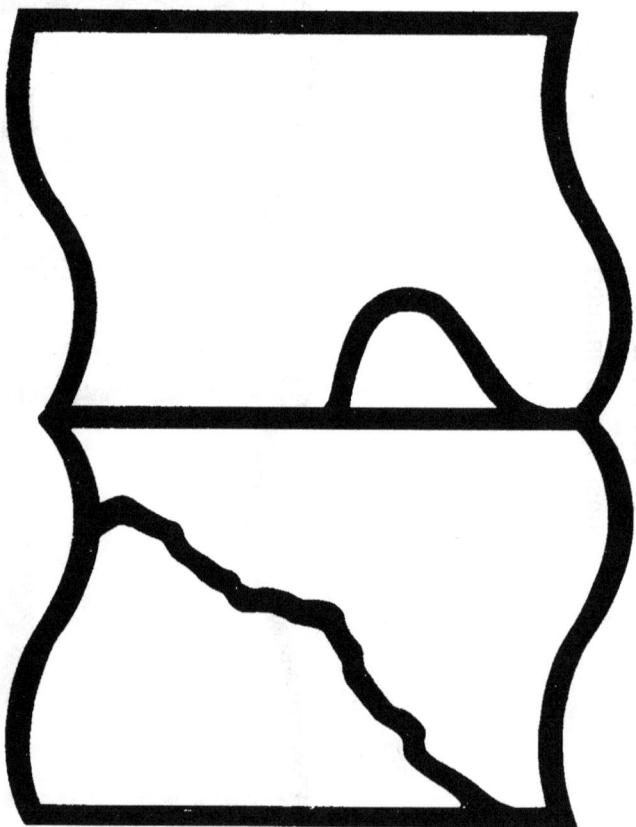

Texte détérioré — reliure défectueuse

NF Z 43-120-11

www.ingramcontent.com/pod-product-compliance
Lightning Source LLC
Chambersburg PA
CBHW060623100426
42744CB00008B/1484